332일 자전거여행

프랑스 프로방스에서 한국 밀양까지
11개국 8000㎞를 달리다

332일 자전거 여행

Contents

책을 펴내며 007
프롤로그 010
332일 자전거여행 일지 020
332일 자전거여행 정보 022

FRANCE
눈과 함께한 출발 039
스러지는 별 아래에서의 첫날밤 049

ITALY
함께한다는 것 059
브놔와의 만남 070
부활 075
라 돌체 비타! 081
야생 캠핑 087
호텔 그리고 다시 캠핑 089

GREECE
풍요로운 파트라스 099
처음으로 만난 자전거여행자 106
파파필리스 빵 아저씨 115
드미트리와 드미트라들 118
동행자 흰둥이 134
그리스와의 비싼 안녕 142

TURKEY
목화보다 따뜻한 친구들 147
터키의 인디아나존스 스테판 153
소풍 164
쿠르트의 아이들과 개 172
시리아의 마리아 176

IRAN
이란은 이런 나라 185
우박 196
자전거여행자 사진 수집가 200

타브리즈의 행복세포 205
이란의 조용한 혁명가 209
비자, 그 보이지 않는 신뢰의 금 214
실크로드 상인의 하루 220
돌고 도는 생 232
여행경로 급 변경 238

SOUTH-EAST ASIA

휴가 속의 휴가 245
변태 249
인연 254
베개부부의 베갯잇이 다 젖는다 261
방콕에서의 재회 270
걸어서 자전거여행 277
외로운 독일인 여행자 피터 284

CHINA

중국의 두 꽃거지 293
어디에 있는가보다는
누구와 있느냐의 중요성 301
알 수 없는 운명 306
세상의 구석구석에서 310
열심히 사는 사람들

SOUTH KOREA

또 다른 나라 한국 319
따뜻한 남쪽 사람들 326

에필로그 336

책을 펴내며

첫 페달을 밟기 전에는 여행을 하며 새로운 것을 보고 경험하겠다는 기대와 설렘보다는 여행을 통해 어떤 것을 이루어내야만 한다는 보이지 않는 중압감으로 스스로를 압박했던 것 같다. 자전거 양 옆 가득했던 짐만큼이나 무겁게 1년여의 기나긴 여행이 끝나면 많은 것이 달라져 있어야만 한다는 욕심을 잔뜩 짊어지고 페달을 밟았던 것이다.

훈련이 안 된 탓도 있었겠지만 여행 후에 무엇을 해야 하는가라는 질문으로 머릿속이 복잡했으니 처음에는 자전거 달리는 시간들이 즐거울 수만은 없었다. 작은 언덕만 나와도 화가 나고 매일 안장에 오르는 것이 고역과도 같게 느껴지기도 했다. 얼굴은 금세 그을고, 얼마나 긴장했는지 꽉 깨문 이는 조금씩 으스러졌으며, 흰머리도 무더기로 생겼다. 그때마다 내 앞에서 아무렇지 않게 열심히 달려 나가는 브놔의 뒤통수를 보면서 얄미운 마음이 들기까지 했다.

이탈리아를 여행할 때쯤부터 혹시나 하는 마음으로 가지고 있던 짐들을 하나 둘 버리거나 집으로 보냈다. 그러는 사이 나도 모르게 마음의 짐들도 하나씩 버려졌던 모양이다. 페달을 밟기가 한결 수월해졌다. 눈으로는 주변을 바라보고 있었으며, 마음으로는 나를 돌아보고 있었다. 그리고 어느 날, 달리는 자전거 위에서 나는 갑자기 펑펑 울었다. 뒤통수를 한 대 맞은 듯, 놓쳐버린 과거의 안타까움과 이기적인 나에 대한 수치심이 순식간에 몰려왔던 것이다. 그리고 마침내 목적지인 한국에 도착했을 때 처음 여행을 떠나기 1년 전보다 훨씬 여유를 갖고 있는 나를 발견할 수 있었다.

처음 계획은 프랑스에서 이탈리아, 그리스, 터키, 이란, 투르크메니스탄, 우즈베키스탄, 키르기스탄, 중국, 그리고 마지막 한국까지 실크로드를 따라 갈 계획이었다. 그러나 이란에서 투르크메니스탄으로 들어가는 비자가 문제가 생기고, 48시간 내에 이란 땅에서 벗어나야 하는 상황이 벌어졌을 때 우리는 통째로 여행 경로를 바꿔야 했다. 가장 기대가 컸던 구소련 지역을 여행할 수 없게 되자 우리는 여행을 포기할까도 생각했지만, 세계지도를 펼쳐놓고 어디를 갈까 고민하면서 동남아시아를 통해 중국에 들어가기로 했다. 모든 것은 계획대로 이루어지지 않는다는 것, 그리고 새로운 길에서도 우리에게 또 다른 것이 기다리고 있다는 것을 우리는 여행길에서 배웠다.

  프랑스로 돌아온 지금 우리는 다시 일을 시작했다. 브뇨는 다시 취직을 했고, 나는 그림을 그리고, 요리를 하고, 베란다에 야채를 키우기도 하면서 따뜻한 햇살 아래 누워 그 햇빛을 충만하게 즐기기도 한다. 여행을 떠나기 전에 빨리빨리 움직이면서 조급하게 성과를 내려고 했던 나와 비교하면 너무나 다른 모습이다. 긴 여행이 내게 가르쳐준 것은 어떤 거대한 것이 아니라 이렇게 일상을 행복하게 살아가는 것이 아닐까 싶다.
우리의 여행은 자전거를 타거나 바이크를 타고 유럽 곳곳을 다니면서 지금도 계속되고 있다. 여행경험이 나보다 많은 브놔는 여행이 사람을 성장하게 한다고 말했다. 그 말이 어떤 의미인지 이제 나는 깨닫고 있다.

삶이 감사하다.

2015년 4월 프랑스 파리에서

🚲 프롤로그

브놔의 표정이 영 좋지 않다.

"이가 너무 아파서 아무것도 못하겠어."

고통에 대한 면역력이 백지장마냥 얕은 이 프랑스 남자는 곧 세상이 끝날 듯 인상을 찌푸렸다. 썩은 건가? 아니면 나처럼 때웠던 부분이 아스러지기라도 했나? 여행의 준비 중 가장 큰 부분을 차지하는 것이 아무래도 건강이라 치과로 갔다.

"음, 사랑니가 나오기 시작해서 아픈 거예요."

사랑니라는 건 더 어릴 때 나는 것인 줄 알았는데 아닌가보다. 난 이십대 초반, 사랑니 몇 개를 뽑아버렸던 터라 대수롭지 않게 여겼다. 하지만 브놔의 경우엔 이가 잇몸을 뚫고 나오려니 살이 찢어지는 아픔이 느껴진다고 했다. 어쨌든 여행 전 발병(?)해 불행 중 다행이라며 사랑니에 덮여 있는 살을 좀 찢기로 했다.

"마취주사 놓습니다."

의사가 주사를 놓는다는 말에도 브놔는 완전 굳었다. 시술하는 동안에도 주먹을 꼭 쥔 채 잔뜩 긴장하더니만 시술이 끝난 후 허연 얼굴을 하고 말했다.

"미영, 나 기분이 이상해. 못 일어나겠어. 어지러워."

결국 시어머님께서 우리를 데리러 차를 몰고 오셨다.

작은 이 하나도 세상에 나오려면 살을 찢는 고통을 감수해야 한다는 건가. 문득 우리의 여행 준비도 그런 사랑니와 닮아 있다는 생각이 들었다. 브뇨가 일을 그만두기로 결정했을 때가 떠올랐다. 이미 서로 얘기하고 계획했던 일임에도 불구하고 5년이나 다니던 회사를 그만뒀다는 이야기를 들었을 때는 왠지 모르게 가슴이 철렁 내려앉는 듯했다. 내가 그런데 안정적으로 다니던 직장을 그만둔다는 브뇨의 심정은 더 말로 표현하기 어려웠을 것이다.

이제껏 내가 만난 사람 중 최고 구두쇠라 할 수 있는 남자. 그런 브뇨가 돈줄을 끊고 일 년 간이나 여행에 나서기로 하다니 쉬운 결정이 아니었을 것이다. 난 이미 작년에 일을 그만 둔 상태였기에 브뇨만큼의 부담감은 없었다. 하지만 나 역시도 인생의 행로를 제대로 잡지 못하고 있었기에 말하기 힘든 자괴감이 있었다.

사랑니는 프랑스어로 '지혜의 이 Dent de Sagesse'다. 브뇨의 말처럼 우리는 지금 이 순간의 선택을 믿기로 했다. 그리고 통장이 찢어지는 고통과 나이 서른의

압박을 뚫고 자전거 바퀴에 바람을 넣기 시작했다.

우리 둘은 사실 참 다르다. 기본적으로 감성적이고 추상적인 나에 비해 브뇨는 굉장히 객관적이고 이성적으로 생각한다. 그래서인지 보는 사람들마다 남편 참 착하고 순하게만 생겼다고들 하는데 나는 그게 아직도 적응이 안 된다. 하지만 그렇게 생각하는 방식이 다른 두 사람임에도 어느 날 똑같이 하고 싶은 것을 찾았다.

"브뇨는 인생에서 꼭 하고 싶은 게 있어?"

"음. 실크로드 오토바이 여행! 어릴 때부터 생각하긴 했었는데 언젠가는 꼭 할 거야."

"뭐? 언제 하고 싶은데? 혼자 하고 싶은 거야? 난 기다려야 되는 거야?"

"언제 할지는 전혀 몰라. 그냥 꿈같은 것이지 구체적인 계획은 없어."

그때 문득, 걸어서 지구를 여행한 한국 여성의 책을 밤새 읽어가며 같은 꿈을 꾸었던 나의 모습이 떠올랐다.

"그럼 브뇨, 하고 싶은 거였으면 빨리 같이 해버리자!"

우리가 이런 대화를 나눈 것은 만난 지 1년도 채 되지 않았을 때였다. 그리고 우리는 2년 뒤 결혼과 동시에 신혼여행을 대신해 실크로드 여행을 떠나기로 결정했다. 마음의 결단을 내리고부터 1년간 모든 여행 사이트를 뒤지며 정보를 모으기 시작했다. 그러면서 여행은 조금씩 그 형태가 달라져갔다. 실크로드를 건너려면 중국 국경을 지나야 하는 건 당연지사. 그런데 오토바이는 국경에서 견제가 심해서 그 절차가 무척 복잡하단다. 그러자 브뇨가 다른 제안을 해왔다.

"미영, 자전거는 어때?"

순간, 얼마 전 함께 본 다큐멘터리의 한 장면이 눈앞을 스쳐 지나갔다. 오토바이 여행자가 사막에서 우연히 자전거여행자 한 명을 만났는데, 그는 사막의 비포장도로를 자전거에 무거운 짐을 싣고 모래바람을 맞으며 걸어가고 있었다. 바싹 마른 데다 온몸이 먼지에 뒤덮여 그 형상이 초췌하기 이를 데 없었다.

그런데 그저 달콤하기만 하다는 허니문을 일주일도 아니고 1년간을 쌉쌀한 자전거여행으로 변모시키자니. 뜻밖의 이동수단 변경 제안을 받고 심각하게 고민이 됐다.

"브놔, 쉽지 않을 것 같은데. 걷는 것보다 자전거가 빠르긴 하겠지만."

"미영, 긴 시간이라고 해도 우린 1년 정도를 잡고 떠날 거라서 걸어서는 못 가. 자전거로 가면 사람들이랑 접촉도 많이 할 수 있고 풍경도 샅샅이 감상할 수 있잖아. 힘들면 자전거를 주요수단으로 삼고 중간에 다른 교통수단도 병행하면 돼."

브놔의 말을 듣고 보니 그도 괜찮은 듯했다. 생각해 보면 365일 하루 종일 극기 훈련하듯 자전거만 탈 것도 아니고, 마음에 드는 도시에선 며칠씩 머무르기도 할 것이다. 그렇다면 달콤한 신혼의 순간은 아껴뒀다가 쉴 때마다 제대로 내면 되는 거 아닌가.

브놔는 원래 여행을 좋아했다. 여행은 언제나 사람을 성장시켜 준다고 믿고 있었기 때문이다. 자신은 한국에 잠시 갔을 때도, 유럽의 다른 지역을 갔을 때도 어디를 가든 항상 무언가를 배웠다고 했다. 그런데 이 여행은 심지어 1년간의 장기간이 될 것이니 얼마나 엄청난 계획인가! 브놔는 그런 체험을 통해서 배우게 될, 다른 사람들은 알지 못하는 것을 자신이 선지자마냥 알게 될 것이라는 사실에 흥분했다. 반짝이는 눈빛으로 이야기하는 남편을 보고 있자니 내 기억 속 거지차림의 자전거여행자는 어느새 먼지에 덮인 오래된 예술품처럼 이미지 변신을 시작했다.

　우리는 함께 여행을 준비했다. 나는 프랑스에서 회사를 다니며 돈을 모았고, 브뇨는 여행 후에도 일을 다시 찾는 것이 어렵지 않도록 경력을 쌓는 데 주력했다. 그렇게 모은 돈으로 나는 유럽에서는 가장 기본적인 여행용 자전거로 알려진 VSF T400이라는 이름의 단단한 자전거를 장만했고, 브뇨는 여행하는 동안 엉덩이가 아플 거라며 누워서 타는 자전거를 중고로 구입했다. 나 역시 엉덩이가 염려됐지만 누워 타는 자전거는 사고가 많다고 자전거가게 주인아저씨가 겁을 주는 바람에 우선은 기본 중의 기본으로 선택했다.

　여행 시작 전 한 달 넘게 프랑스 남부의 엑상프로방스 Aix-En-Provence에 머물렀다. 준비를 하면서도 머무는 곳이 시댁이다 보니 지내는 내내 포동포동 살이 쪘다. 친구들이 여행 준비는 잘되는지, 자전거 타기 훈련은 좀 하는지 물을 때마다 대답은 하나밖에 없었다.

"응, 달리면서 빠질 지방들 채우고 있어."

시댁은 우리 여행의 출발지였다. 나도 그렇지만, 브놔에겐 어릴 때부터 살아온 집이자 동네인데 그런 곳의 뒷동산을 넘어 한국까지 간다는 게 과연 실감이 날까? 비록 긴장감은 턱없이 부족했지만 우리는 착실하게 캠핑용품과 자전거 부품 등을 준비해 나갔다.

우선 가장 중요한 것은 자전거였다. 기어와 타이어, 브레이크의 고무패킹을 교체하고 혹시나 모를 고장에 대비해서 필요한 부품들을 로즈[ROSE]라는 독일 사이트를 통해 주문했다. 때마침 할인행사까지 진행되고 있었다. 브레이크 고무패킹 부분은 닳는 것이라 여분으로 2세트씩, 펑크에 대비해 타이어 내부의 고무튜브는 5개, 그리고 구멍 난 자리를 메꿀 수 있는 접착재료를 기본으로 준비했다. 물론 걱정이 많은 프랑스 사람의 특성상 브놔는 다른 부품들도 많이 준비했지만 차후 자전거를 타다 보니 필요한 것은 딱 저 두 개였다.

그리고 캠핑 준비. 우선 2인용 텐트와 거위털 침낭 하나씩을 준비하고, 땅에서 올라오는 찬 기운을 막아줄 매트, 조리용 버너를 기본으로 자전거에 부착

할 수 있는 방수 가방을 4개씩 준비했다. 모든 물품들이 가격이 싼 것이 아니다 보니 선택을 하는 데까지 많은 절차가 필요했다. 예를 들면 침낭구매를 앞두고 우리는 원래 가지고 있던 침낭과 텐트 안에서 하룻밤을 자보기로 했다. 그 결과 다행히 아침에 살아 일어났지만 추위가 얼마나 극심했던지 나는 지독한 감기에 걸리고 말았다. 결국 내복을 껴입는다고 해결될 문제가 아님을 깨달은 우리는 영하 10도에서도 수면이 가능한 침낭을 주문했다.

   그 외 사계절 유용할 옷가지와 속옷, 비상약품, 카메라, 지도 및 여행 가이드북을 저장한 휴대폰을 각자 하나씩 준비했다. 사실 나는 그림도구들을 몇 가지 챙겼는데 결국엔 반 이상을 초반 여행지였던 이탈리아에서 프랑스 시댁으로 보냈다. 이후에도 두 번이나 짐을 줄이기 위해서 우체국을 찾아야 했다. 역시 어떤 교통수단을 이용하든 여행에서 짐은 무조건 가벼워야 하는 게 정석이다.

332일 자전거여행 일지

총 이동거리
7882km

출발
2013년 1월 14일 프랑스 프로방스 엑상프로방스

도착
2013년 12월 11일 한국 경상남도 밀양

여행기간
332일

1일 평균 자전거 이동거리
23.75km(차후 자전거여행을 할 경우 미리 날짜를 계산할 때 유용)

1일 평균 최대 이동거리
96km(10월 2일 중국)

1일 평균 최장 페달시간
7시간 37분(10월 2일 중국)

1일 평균 최대 속도
17km/h(터키 3월 24일, 이날 1시간 반 만에 25.5km 주행)

타이어 펑크
총 3번(브뇌 한국에서 1번, 미영 말레이시아와 한국에서 2번)

브레이크 고무패킹 교환
총 1번(이란)

추락
총 2번(브뇨 1번, 미영 1번)

교통사고
없었음. 여행 중 가장 큰 위험요소 중 하나였지만 다행히 우리는 아무런 사고를 당하지 않음

병원 방문
총 2번(브뇨 급체 1번, 미영 추락사고 후 검사 1번)

절도
총 2번(브뇨 경적기, 미영 깃발. 둘이 합쳐도 1천 원 정도밖에 되지 않음. 행운!)

비자 발급
총 10개(브뇨 6개국, 미영 4개국)

여행한 나라
총 11개국(프랑스, 이탈리아, 그리스, 터키, 이란, 싱가포르, 말레이시아, 태국, 라오스, 중국, 한국)

332일 자전거여행 정보

미영 자전거 VSF fahrrad manufaktur t400

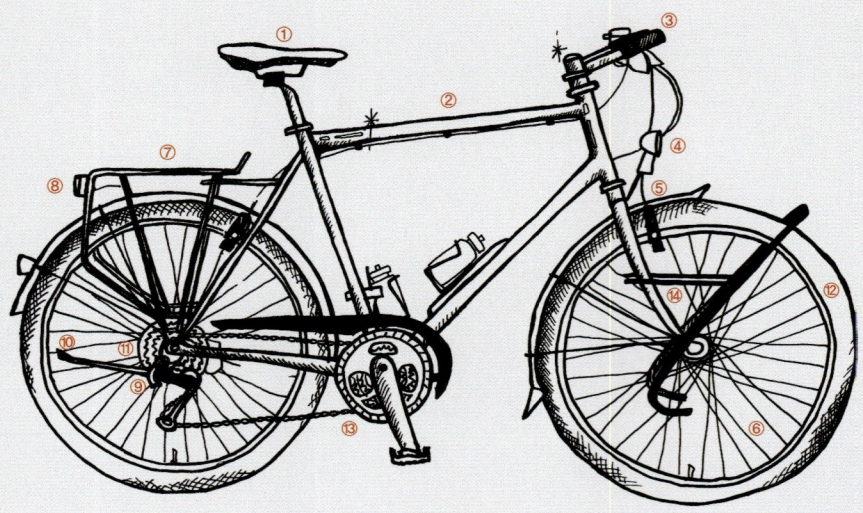

1. 안장
미영 자전거
추천 : 폭이 넓은 것. 하지만 각자의 다리 굵기도 고려해야 한다. 안장이 너무 넓으면 허벅지에 쓸릴 수도 있다.
유의점 : 여행 전에 미리 사서 시험해 보는 것이 좋다. 특히 가죽제품은 최소한 1년은 사용하여 형태를 만들어 놓아야 한다.

브놔 자전거
유의점 : 스펀지가 들어간 형태도 있고 망사형도 있으므로 개인 취향에 따라 선택하자.

2. 프레임
추천 : 주재료가 강철인 튼튼한 제품

3. 핸들바
미영 자전거
추천 : 버터플라이 핸들바
장점 : 높낮이와 자세 변형에 유용. 여행 시 엉덩이가 아픈 경우 핸들바 형태 조종만으로도 자세가 바뀌어 고통을 줄일 수 있다.

브놔 자전거
장점 : 위아래로 핸들 전체를 움직일 수 있다.

4. 전조등
추천 : 발전기로 작동되는 제품
장점 : 배터리 방전 걱정이 없다.

5. 브레이크
추천 : V브레이크
장점 : 세계 어디에서나 구하기 쉬운 이점이 있어 브레이크패드 교환 시 용이하다.

6. 휠
추천 : 26홀
장점 : 세계적으로 가장 널리 쓰이는 것이라 만약의 경우에도 교환 수리가 용이하다.

브뇨 자전거 Nazca Pioneer

7. 리어랙(짐받이)
추천 : Tubus 제품
유의점 : 짐이 한 자전거 당 20kg은 되므로 무조건 튼튼한 것이 좋다.

8. 후미등
추천 : 발전기로 작동되는 제품
장점 : 배터리 방전 걱정이 없다.

9. 뒤 변속기
추천 : Shimano Deore
장점 : 교환 시 어디서나 쉽게 구할 수 있다.

10. 스탠드(지지대)
추천 : 외발보다는 중앙 지지대
단점 : 외발 스탠드를 사용했었는데 짐 무게를 못 이기고 몇 번이나 떨어졌었다.
유의점 : 짐 무게를 줄이느라 스탠드를 설치하지 않는 여행자도 많지만, 잠시 멈춰 짐을 찾거나 가방을 해체 조립 시킬 때 굉장히 불편하다.

11. 카세트
추천 : 8단 기어
장점 : 단수가 높아지면 그만큼 빨리 달릴 수도 있겠지만 장기간 여행의 경우 아스팔트길만 있는 것이 아니므로 무조건 튼튼한 것이 좋다.

12. 타이어
추천 : Schwalbe Marathon Tour / Marathon Plus 타이어
장점 : 총 8000km 주행 통틀어 펑크 단 1번
팁 : 자전거 타이어 튜브 못 쓰는 것을 잘라 타이어 안쪽에 한 겹 접착시켜 주면 여행용 새 타이어 효과가 있다 (팁 활용 후 2년째 펑크가 한 번도 나지 않았다).

13 앞 변속기
추천 : 22/32/42
장점 : 산악자전거용으로 설치가 용이하다.

14. 프론트랙(짐받이)
미영 자전거에만 있음

한국에서는 이미 많은 정보를 인터넷을 통해 얻을 수 있다. 그러나 자전거여행은 유럽인들의 정보가 오랜 경험 탓인지 쏠쏠한 것이 더 많았다. 여행을 준비하는 동안, 그리고 여행을 하면서 직접 찾은 정보와 유럽 자전거여행자들 사이에서 공공연한 자전거여행 정보를 정리해 보았다.

자전거

새로운 자전거를 여행 전에 구입하는 것도 좋지만 미리 사서 반 년 이상 사용한 후 여행을 떠나는 것이 좋다. 그래야 자전거 상태를 미리 파악하고 먼 길을 떠날 때 만반의 준비가 가능하다. 나는 안장을 제대로 만들어놓지 않고 여행을 시작해서 한 달 가량 엉덩이가 많이 아팠다. 여행 중 만난 영국 자전거여행자들에 의하면 특히 가죽 재질의 안장은 여행 1년여 전부터 사용해서 자기에게 맞춰놓아야 한다고 한다. 안장 고민을 하기 싫다면 누워서 타는 리컴번트^{Recumbent} 자전거를 타면 된다.

내가 탔던 자전거는 유럽에서 장기여행에 많이 사용하는 기본 중의 기본인 모델이다. 무게가 18kg으로 비교적 무거운 편이지만 긴 여행 동안 짐과 사람 무게를 견딜 만큼 프레임과 바퀴가 무척 단단하며, 내구성과 안정적인 주행이 큰 장점이다. 그렇게 오랫동안 여행을 하면서 탈 한번 난 적이 없다. 그러나 안타깝게도 이 제품은 독일에서 생산이 중단되었고 한국에서는 쉽게 구할 수 있는 자전거가 아니라고 한다. 육로 여행이 어렵지 않은 유럽에서 여행을 시작하고자 하는 사람들에게 추천하고 싶다. 다만 버스나 배 등 다른 이동수단을 탈 때는 접이식이 아니라 조금 불편하다.

브놔의 누워 타는 자전거는 리컴번트^{Recumbent}라고 부른다. 일반 자전거보다 편안한 자세로 달릴 수 있어 장거리 주행에 유리하며, 공기저항이 적어 내리막이나 평지에서 빠른 속도를 낼 수 있다. 하지만 앞뒤 전등이 약해서 여러 번 부러졌고 체인 자리가 제대로 잡혀 있지 않아 조금씩 파손되기도 했다. 다양한 모델이 있으니 선택시 체인의 위치를 잘 보고 고려하기 바란다.

자전거 관련 물품

수리도구
간단한 수리도구 세트를 장만한다. 가급적 가볍고 컴팩트한 사이즈에 많은 기능을 가지고 있는 것이 좋다. 자전거 수리뿐만 아니라 캠핑할 때도 유용하다.

타이어 펌프
소형제품이라도 펌프 하나는 꼭 챙겨가는 것이 좋다. 타이어에 펑크가 나지 않더라도 바람은 계속 빠지기 때문이다. 타이어가 탱탱할수록 라이딩이 수월하다.

자물쇠
무겁기는 하지만 어느 나라를 가든 기본적으로 안전장치를 챙기는 것은 중요하다. 우리는 케이블형 안전장치와 U자형 안전장치 2개를 갖고 여행했다. 견고하고 방어력이 아주 강한 데다 저렴하기까지 하다.

자전거가방
Ortlieb frontroller, backroller Classic 제품 추천. 방수가 완벽하다. 가방 옆에 달려 있는 형광 장식 부분마저도 야간 라이딩에 역할을 한다. 밤새 밖에 둬도 이슬에 젖지 않고 실내에 둬도 쉽사리 닦아 쓸 수 있다. 자전거가방 중에서는 최고의 선택이라고 생각한다. 다만, 고가인 것이 흠이며 우리가 갖고 떠난 가방 중 절반이 아랫부분이 찢어진 것으로 보아 코팅이 되지 않은 부위는 좀 약하므로 주의가 필요하다.

헬멧
가볍고 구멍이 많이 나 있어서 환기가 잘되는 제품을 구한다.

캠핑 관련 물품 및 도구

텐트 추천 : MSR Hubba Hubba
우리는 두 사람이 딱 사용하기 좋은 사이즈의 텐트를 준비했었다. 가볍고 양쪽으로 열고 닫을 수 있는 부분이 특히 유용했다. 크기에 비해 조립과 해체도 쉽게 빨리 할 수 있었다. 심지어 폭풍우와 적당히 눈이 오는 날씨도 견뎌낸, 우리에게 있어선 더할 나위 없이 좋은 집 역할을 해줬다. 텐트의 방수기능은 굉장히 중요하다. 여행 중 두 번 정도, 아침에 일어났을 때 바닥에서 5cm 정도 높이로 물이 차올랐던 적이 있었다. 그러나 텐트 안으로까지는 물이 들어오지 않아 우리는 물침대에서 잔 것과 같은 효과를 누렸다고 웃으면서 얘기할 정도로 방수가 완벽했다. 만약 방수가 제대로 되지 않아 모든 여행 물품과 몸이 젖었다고 생각하면 그야말로 얼마나 끔찍한 일인가.

매트 추천 : Therm-a-rest Prolite plus
튼튼하고 따뜻하게 제 구실을 한 매트였다. 다른 매트에 비해 좀 무거운 편이지만 그걸 감수해도 될 만큼 여행 내내 만족했다.

거위털침낭 추천 : Cumulus Panyam 600
가볍고 부드러우며 완벽히 추위를 통제할 수 있는 제품을 구입하도록 한다. 의식주 중에서도 주는 아낄수록 몸이 고생이다. 여행 첫날부터 감기에 걸려 그만큼의 병원비를 내는 것을 대신해서 준비하기를 추천한다. 여행하는 나라의 기온과 계절을 미리 염두에 두고 그에 따라 결정하는 것이 좋다.

정수기 추천 : Katadyn Vario
긴 여행을 할 경우에는 많은 양의 물을 지니고 다니는 것보다 정수기 하나를 가지고 다니는 것이 무게와 안전 면에서 좋다. 특히 생수를 슈퍼마켓에서 쉽게 구할 수 없었던 터키, 라오스, 중국에서 유용하게 사용했다.

버너 추천 : MSR Whisperlight international
우리는 석유를 원료로 사용하는 버너를 가져갔다. 그러다 보니 어느 나라를 가도 버너 사용에 문제가 없었다. 가스통을 팔지 않는 나라도 많기 때문이다.

램프 추천 : Petzl Tikkina
가볍고 배터리가 오래 가는 것을 추천한다. 저녁에 캠핑을 할 경우 꼭 필요하다. 우리가 사용한 제품은 여행 내내 배터리를 한 번도 교환하지 않고 끝까지 쓸 수 있었다.

디지털기기
휴대폰
GPS, 음악, 카메라, 필기 기능까지 모두 가능한 제품 하나면 여행에 부족함이 없다. 휴대폰 기종 중 가장 중요한 GPS 기능이 잘 되지 않는 제품도 있으므로 꼭 잘 알아보아야 한다. 자체 방수까지 된다면 더할 나위 없다. 여행 내내 길잡이 역할을 하는 것이니 방수커버를 챙기는 것은 필수다.

카메라
USB로 충전과 PC와의 연결이 쉽고 가벼운 제품을 추천한다. 작은 디지털 카메라 중에서도 성능 좋은 것이 많이 나오고 있어 선택의 폭이 다양하다. 여행 목적에 따라 다르겠지만 큰 것은 짐이 되거나 분실 위험이 크다.

타블렛 또는 SMART DOCK
대용량의 사진들을 따로 저장하기 위해 휴대폰과 함께 마련해갔다. 인터넷, GPS, USB 연결이 가능한 것이 좋다. 타블렛이 부담된다면 SMART DOCK이라는 제품을 추천한다. 사진을 저장하고 작은 PC처럼 사용이 가능하다. 한국에서는 아직 출시되지 않았다고 하지만 인터넷으로 얼마든지 구입이 가능하다.

배터리
USB 배터리는 꼭 하나 챙겨갈 만하다. 스마트폰, 카메라, 타블렛 등 USB 기능이 되는 모든 기기를 충전할 수 있다. 보통 휴대폰 배터리는 3번까지 완전 충전이 가능하다. 그래도 전기가 없는 지역에서의 여행이 걱정된다면 휴대폰 더블배터리도 하나 챙겨 가면 좋다. 이 2개면 일주일 정도 전기가 없어도 거뜬히 지낼 수 있다.

지도 및 GPS

LOCUS
https://play.google.com/store/apps/details?id=menion.android.locus&hl=fr
지나온 길을 저장하고 등고선 표기, 위치저장 및 날씨 예측까지 여행자에게 필요한 모든 기능이 되는 소프트웨어이다. 스마트폰이나 타블렛에 다운받아 설치한 후 지도를 추가로 저장해 쓰면 된다.

OpenAndroMaps
http://www.openandromaps.org/en/
로커스 소프트웨어에 저장해 쓰기 좋은 지도다. 특히 등고선으로 세계 모든 곳의 고도가 표기되어 있어 등산가, 자전거여행가와 도보 여행자에게 좋다.

Nokia Here
https://play.google.com/store/apps/details?id=com.here.app.maps
지도까지 이미 포함되어 있는 소프트웨어로 휴대폰이나 컴퓨터에 미리 저장해두면 여행 내내 지도를 보듯 쓸 수 있다. 다만 아직 모든 나라의 지도가 들어 있는 것은 아니므로 미리 확인하는 것이 좋다.

통신망

로밍을 하지 않는 여행자를 위해서 각 나라의 심카드에 대해 정리해 보았다. 우리의 여행 경험에서 나온 것과 더불어 최선의 것으로 생각되는 것을 정리한 것이다. 대신 2013년 여행 당시의 정보이므로 최신 정보를 자세히 알고 싶거나 여기 소개되지 않은 다른 나라의 정보를 원하는 여행자는 아래의 사이트를 참고하면 좋다.

http://prepaid-data-sim-card.wikia.com/wiki/Prepaid_SIM_with_data

전세계 - TravelSIM 트래블심 카드
http://www.travelsimshop.com
- 품   질 : 통화 품질은 좋지 않지만 SMS는 잘된다.
- 서 비 스 : 보통
- 사 용 법 : 인터넷 상 지불 후 심카드 수령
- 장   점 : 전 세계에서 활용 가능. 예상치 못한 문제가 생길 경우나 심카드 구입이 어렵거나 비싼 나라를 여행할 때 사용하면 좋다. 데이터는 비싸므로 각 나라에서 따로 심카드를 추가로 구입하면 좋다.
- 가   격 : 80,000원대 (2013년 통화 기준)

그리스 - Wind 윈드
- 품   질 : 통화 품질 좋음
- 사 용 법 : 통신사 매장에서 직접 구입
- 가   격 : 심카드 8000원/500MB/30일 + 약간의 통화 + SMS

터키 - Turkcell 투크셀
- 품   질 : 통화 품질 좋음
- 사 용 법 : 통신사 매장에서 직접 구입
- 서 비 스 : 통신사 투크셀 직원이 한 달은 문제없다고 해서 샀는데 열흘 만에 심카드 기능이 정지되었다.
- 주의할 점 : 터키에서는 자국에서 구입한 휴대폰이 아니거나 로밍한 것이 아니면 사용이 안 된다. 원래 가지고 있던 휴대폰을 사용하고 싶으면 세금을 내야 하는데 120유로에 달한다. 세금을 내지 않고 심카드를 구입하면 휴대폰이 심카드와 며칠 작동하다가 외국폰이라는 것을 인지하고 심카드 작동이 중단된다. 우리는 그것도 모르고 통신사 직원 말만 듣고 샀다 결국 열흘밖에 쓰지 못했다 (다른 휴대폰에 심카드를 넣으면 외국폰인 것을 다시 인식하는데 5일 정도 걸린다).
- 가   격 : 25,000원 = 2GB/30일

이란 – Irancell 이란셀
품   질 : 데이터가 많아도 워낙 이란 정부가 사용할 수 없도록 막아놓은 사이트가 많아서 쓸모가 없
         다. 11개국 중 인터넷 품질이 최악이었다.
사 용 법 : 통신사 매장에서 직접 구입
주의할 점 : 심카드 구입시 구매자 정보를 제대로 작성해야 한다. 차후 본인 확인 전화가 오는데 본인
           이 아닐 경우 기능이 정지된다.
가   격 : 5,000원 = 2GB/30일

말레이시아 – Umobile U모바일
사 용 법 : 통신사 매장에서 직접 구입. 데이터 충전은 7-Eleven, Giant supermarkets 등에서 가능.
주의할 점 : 제한된 데이터 사용 후 속도가 늦어지는 사양을 구입했으나 데이터 소멸 후 작동이 정지
           되었다.
가   격 : 12,000원 = 2GB/30일

태국 – DTAC 디텍
품   질 : 2G 네트워크 작동 잘됨
사 용 법 : 통신사 매장에서 직접 구입
장   점 : 데이터 소멸 후에도 속도가 줄어들 뿐 계속해서 작동된다.
주의할 점 : 태국 전체 어디서든 네트워크가 작동하는 것은 아니다. 혹시 모든 지역에서 작동하는 것을
           원한다면 TOT라는 통신사를 추천한다.
가   격 : 20,000원 = 2GB/30일

중국 – China Mobile 차이나모바일
품   질 : 2G 속도는 태국보다 느리고 이란처럼 사용이 제한된 웹사이트가 많아 데이터 사용이 불
         편하다.
사 용 법 : 통신사 매장에서 직접 구입
장   점 : 중국 어디를 가도 사용 가능한 통신사다. Unicom은 빠르지만 중국의 다른 지역마다 로밍

시스템이 작동되어 요금이 비싸진다.
주의할 점 : 데이터 이용기간 시작과 끝이 매달 15일이므로 구입은 15일 전후로 하는 것이 좋다. 만약 14일 심카드를 구입하면 다음날 이용기간이 끝나버린다.
가   격 : 20,000원 = 2GB + SMS/30일

교통편(버스, 기차, 배)
프랑스
기차 : TER은 가격이 저렴한 기차 편으로 자전거도 무료로 실을 수 있다. TGV는 예약 시기가 늦어질수록 가격이 급격히 오르므로 미리 예약하는 것이 좋다. 또한 자전거를 싣지 못하는 기차도 있으므로 미리 자전거를 실을 수 있는 기차를 알아둬야 한다.
가격 : 10유로 / 자전거 1대

이탈리아
기차 : 자전거를 싣고 타는 시설이 잘되어 있으며 보관할 수 있는 칸이 따로 있다.
가격 : 3유로 / 자전거 1대
버스 : 나폴리Napoli-바리Bari는 기차 편이 없어 버스를 이용해야 한다.
가격 : 3유로 / 자전거 1대

그리스
배 : 다른 운송수단들을 싣는 짐 칸에 자전거도 실을 수 있다.
가격 : 무료

터키
버스 : 버스 아래 짐칸에 자전거를 실을 수 있다.
가격 : 무료(가끔 소량의 돈을 받기도 한다. 1인 탑승객 가격의 3분의 1 정도)

이란
버스 : 자전거를 싣는 것이 가능하지만 자전거를 실을 때마다 지불을 동반한 언쟁을 거쳐야 한다. 부르는 가격이 천차만별이다.
가격 : 항상 다름
기차 : 자전거는 짐으로 처리되기 때문에 미리 역에 가서 자전거를 부쳐야 한다. 큰 짐을 보내는 것과 가격이 같아 비싼 편이다. 이란, 중국, 태국(같은 칸에 탈 수 있음), 말레이시아가 모두 같은 시스템이다.
가격 : 무게 계산

말레이시아
배 : 자전거를 실을 때 지불과 동시에 직접 배에 실어야 하는 불편이 있다. 자전거를 실을 칸이 딱히 정해져 있지 않다. 우리는 실을 공간을 찾지 못해 배 위에 올려놓기까지 했다.
기차 : 자전거는 짐으로 처리되기 때문에 미리 역에 가서 자전거를 부쳐야 한다.
가격 : 무게 계산

태국
기차 : 자전거는 짐으로 처리되기 때문에 미리 역에 가서 자전거를 부쳐야 한다. 대신 자전거를 실은 칸에 같이 탑승할 수 있어 자전거 보호에 좋다.
버스 : 자전거 비용을 따로 지불해야 한다.
가격 : 1인 탑승객 가격의 반 정도

라오스
버스 : 미리 가서 버스 편을 확인해야 한다. 버스에 승객과 짐이 많을 경우에는 싣지 못할 수도 있다.
가격 : 무료

중국
기차 : 자전거는 짐으로 처리되기 때문에 미리 역에 가서 자전거를 부쳐야 한다. 시스템이 되어 있지 않은 지역에서는 원래 자전거 기차 반입이 안 되지만 막상 자전거를 실으면 막지 않고 도와준다.
중국 기차 이용시 유용한 사이트 : http://envol.com

배 : 중국–한국을 운행하는 페리는 큰 편이라 다른 운송 수단들과 함께 실으면 된다.
가격 : 무료

한국
기차 : 접이식이 아니면 자전거를 기차에 실을 수 없다. 자전거를 실을 수 있는 무궁화호가 있다고 하는데 역 직원들도 잘 모르니 미리 알아보는 것이 좋다.
가격 : 무료
비행기 : 한국에서 프랑스로 돌아올 때 카타르항공을 이용했다. 40kg까지 자전거를 포함한 1인당 짐을 허용한다. 미리 자전거 포장을 잘 해야 되는 불편함이 있지만 추가비용이 없다.
가격 : 무료(단 총 40kg이 넘으면 추가 비용 지불)

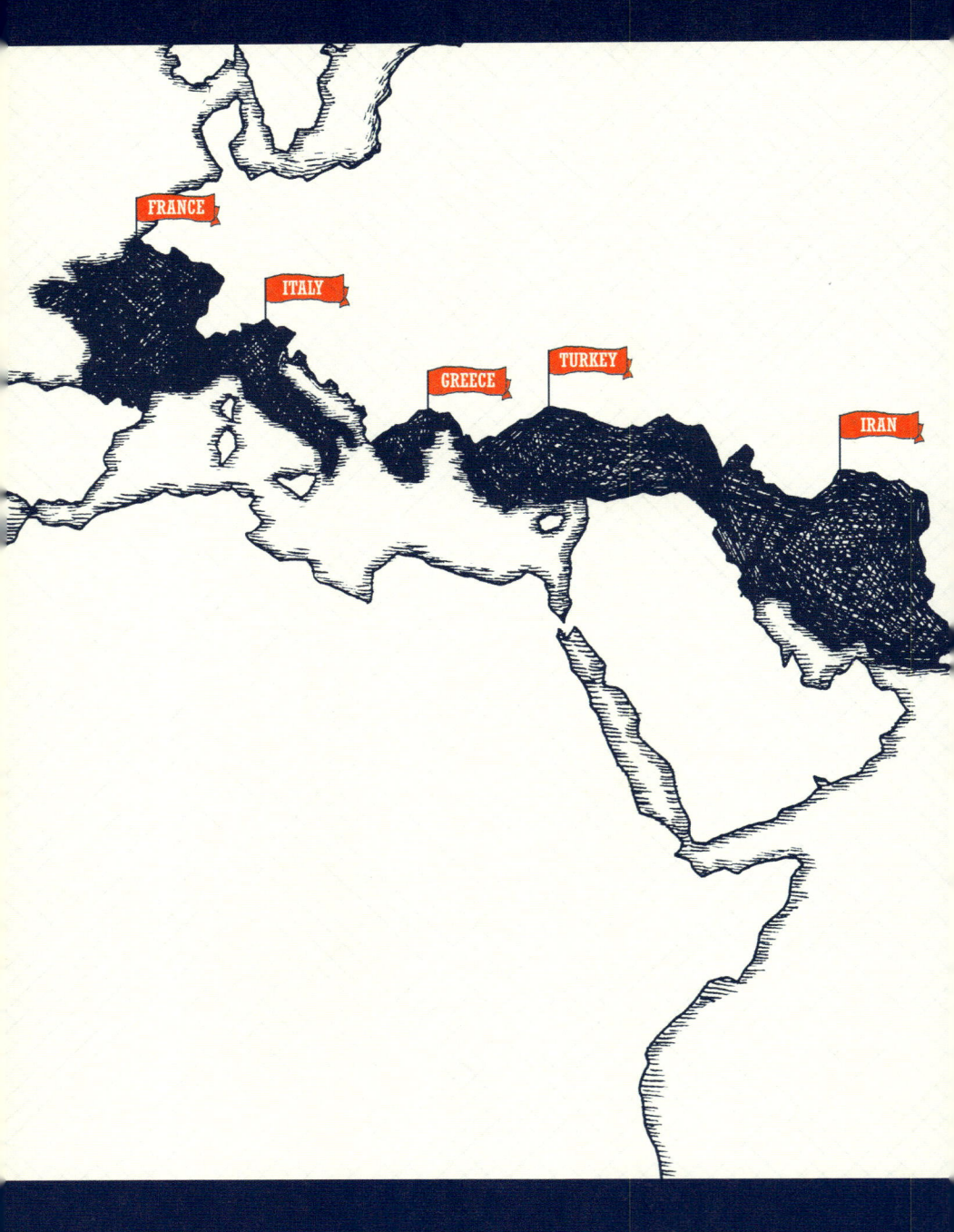

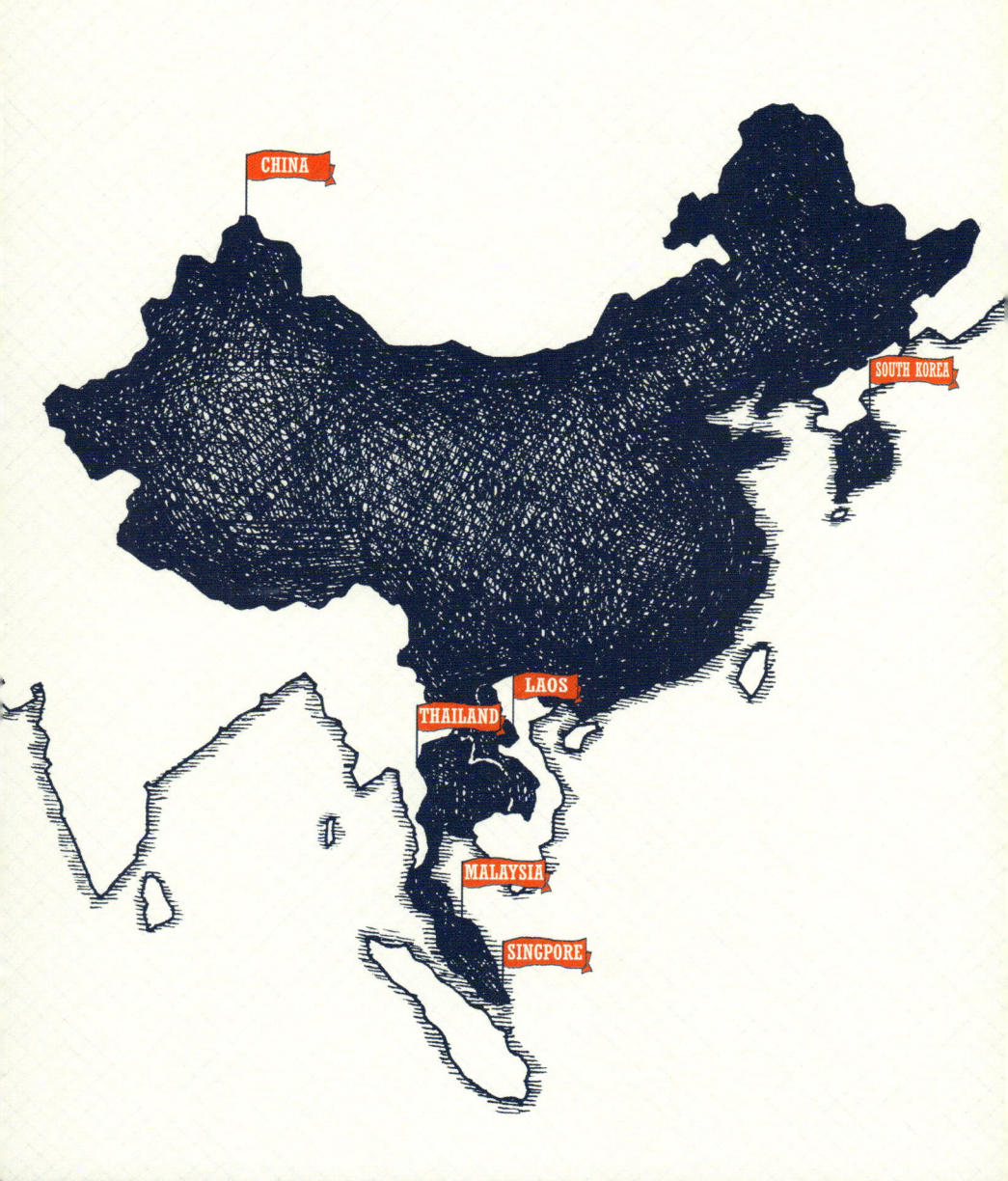

FRANCE

FRANCE

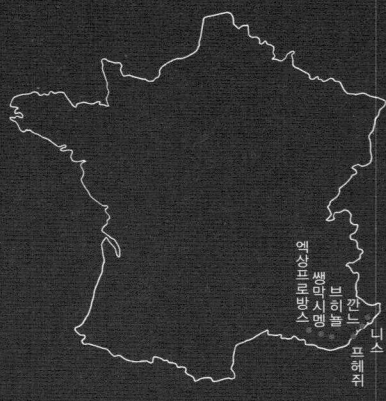

엑상프로방스
Aix-En-Provence
∨
∨
쌩막시멩
Saint-Maximin-la-Sainte-Baume
∨
∨
브히놀
Brignoles
∨
∨
깐느
Cannes
∨
∨
니스
Nice

2013년 1월 14일부터 2013년 1월 21일까지 8일간

눈과 함께한 출발

LE DÉPART SOUS LA NEIGE

1월 14일. 단단히 준비한 자전거를 끌고 시댁 가족들과 함께 집 뒷산으로 향했다. 우리는 1년간의 자전거여행을 시작하고, 가족들은 그 출발을 축하해주기 위해서였다. 배웅하는 가족의 걱정과 안타까움 등 그 복잡한 심경이 카메라 셔터를 분주하게 누르는 데서 느껴졌다. 가족들은 쉽게 발걸음을 떼지 못했지만 우리는 자전거 페달을 밟고 언덕을 내려왔다. 가족들의 마음이 언덕을 가득 채웠다.

만약 집이 아닌 다른 곳에서, 낯선 어떤 장소에서 출발을 했다면 지금부터 여행 시작이야, 하는 다짐이랄지 감동 같은 것들이 있었을 텐데 집 뒷산에서 발동을 걸다 보니 감이 잘 오지 않았다. 짐이 많다는 것을 제외하곤 둘이서 잠깐 장 보러 나가는 길과 똑같은 길을 우리는 나선 것이다. 벌써부터 추워진 날

씨 탓에 나는 바게트나 하나 사서 어서 빨리 집으로 돌아갔으면 좋겠다는 생각까지 들었다. 신이 난 브놔는 조잘조잘 자전거를 둘러싼 소나무 위의 새들처럼 수다를 떨었다.

"미영, 나 어릴 때 빵 심부름할 때마다 자전거 타고 이 길로 다녔어. 그러니까 걱정 말고 나만 따라와. GPS도 필요 없어!"

1월 한겨울에 떠나는 여행이라 춥긴 했지만 불어오는 바람이 싱그러운 솔바람이라 다행이었다. 떠나기 전 친구들의 질문 중 똑같은 것이 왜 하필 이 추운 겨울에 자전거여행을 시작하느냐는 것이었다. 그런데 사실 나는 딱히 고민하지 않고 내린 결정이었다. 겨울에 떠나나 여름에 떠나나 장기여행이니 결국엔 마찬가지라고 생각했다. 그러나 꼼꼼한 남자 브놔에게 있어 여행을 시작하는 이 시점은 여러 정보를 종합한 후 도출된 것이었다.

그에 따르면 출발 지역은 우선 따뜻한 프랑스의 남부니까 겨울이라도 자전거를 달리기에 무리가 없을 것이라는 것이었다. 우리의 예정 경로는 실크로드를 따라 달리는 것. 프랑스를 떠나 이탈리아와 그리스, 터키, 이란, 투르크메니스탄, 우즈베키스탄, 키르기스탄, 중국, 그리고 마지막 도착지 한국 남부였다. 대략 각 나라를 지나가는 데 한 달씩, 터키나 중국같이 방대한 나라는 최소한 두 달 정도를 예상했다. 다만 이란에서 6월경 선거 때문에 비자를 받기 어렵다는 정보가 있어 그전에 이란을 떠나 다음 국가로 이동할 수 있게끔 움직이자는 것 정도였다. 무턱대고 나서는 나와 달리 브놔의 철저한 여행 경로 안내를 받고 나니 마음이 아주 든든해졌다.

그런데 첫발걸음인 이 뒷동산 길이 생각보다 울퉁불퉁한 게 브놔도 나도 금방 넘어질 것 같았다. 얼마나 긴장했는지 손끝은 바르르 떨리고 등골이 서늘했다. 다행히 잘 정돈된 도로가 곧 눈앞에 나타났지만 이번엔 좁은 도로를 쌩쌩 달리며 차들이 지나가는 바람에 잔뜩 겁을 먹어 온몸의 근육이 바짝 뭉쳤다. 그런 나에 반해 브뇨는 좁은 도로를 겁 없이 달렸다. 그의 뒷모습을 보고 있자니 덜컥 겁이 났다.
"오른쪽으로 딱 붙어 달려!"
그러나 내 목소리는 무섭게 달리는 자동차 소리에 가려 들리지 않은 듯 브뇨는 여전히 앞만 보고 달렸다. 내가 다치는 것보다 사랑하는 사람이 다치는 것이 더 두렵다는 것을 느낀 순간이었다.

첫째 날은 미리 연락해 놓은 카우치 서핑 회원이 있는 생 막시맹 마을까지 가보기로 했다. 브뇨의 짧은 자전거여행 경험을 바탕으로 하루 평균 달리는 거리를 50㎞로 정했는데 처음 가게 될 마을이 딱 그 거리에 있어 얼씨구나 하고 계획한 것이다.
카우치 서핑Couch surfing은 우리의 여행이 짧지만은 않은지라 항상 호텔에 묵을 수도, 캠핑만 하고 다닐 수도 없어 선택한 또 다른 숙박 방법이었다. 이것은 일종의 인터넷 여행자 커뮤니티로 현지인이 여행자들을 위해 잠잘 곳을 제공하는 시스템이다. 각 지역의 거주자들과 함께 시간을 보낼 수 있기 때문에 특히 생생한 문화교류에 큰 이점이 있다. 이 커뮤니티는 미국의 케이지 팬튼이라는 대학생이 아이슬랜드로 여행을 떠나면서 그곳 대학생 1500여 명에게 숙소를 요청하는 메일을 보냈다가 약 50명의 학생에게 답장을 받자 그것을 계기로 시작한 것이 지금에 와서는 전 세계적으로 아주 유명해진 것이라고 한다.

브뇨는 대학생 때부터 이 사이트를 종종 애용해왔기 때문에 마냥 신이 나 있었지만 나로서는 한 번 본 적도 없는 사람의 집에 머물게 되는 것이라 살짝 긴장이 됐다. 두려움 반 설레임 반으로 해가 떨어지기 전에 도착하려고 열심히 페달을 밟았다.

한 시간, 두 시간……. 추운 날씨에도 불구하고 열심히 페달을 밟았지만 왜 도착지는 나타나지 않는 것일까. 심지어 그 순간, 하늘에서 눈발이 내려치기 시작했다. 프로방스에 눈이 웬 말인가! 그것도 자전거여행 첫날. 아, 이런! 어쩐지 계속 움직이는데도 불구하고 손발이 너무 시려온다 했다. 이제 발끝은 얼어서 떨어져 버릴 것만 같고 장갑 두 겹도 아무 소용이 없다. 성냥팔이 소녀의 심정이 이러했을까. 그저 한시라도 빨리 따뜻한 곳에 들어가 몸을 녹이고 싶은 생각만 간절했다.

간신히 목적지인 도시가 눈앞에 나타났다. 우리는 길을 찾기 위해 휴대폰에 저장해 두었던 지도를 꺼내 살펴보았다. 인터넷이 안 되면 정확한 거리 및 지대의 지도 사용을 위한 소프트웨어 확인이 불가능한 구글맵의 한계 때문에 브뇨는 미리 로커스Locus라는 지도를 찾아두었다. 특히 로커스와 함께 이용한 이 지도 OpenAndroMaps는 등고선으로 그 지역의 높낮이를 자세히 보여줘 미리 오르막길을 피하기에 굉장히 유용했다.

그렇게나 유용한 지도인데도 지친 심신으로 바라보니 우리가 가야 할 길을 가득 채운 빽빽한 등고선이 너무 야속하게만 느껴진다. 도대체 얼마나 높은 지대에 있기에 등고선들이 모이고 모여 한 면을 만들어 버렸을까.

역시나 지도에서 보던 그 고지대는 도착해서 보니 자전거는 얼씬도 하지 말라는 듯 경사가 너무나 심했다. 결국 30kg이 넘는 각자의 자전거를 끌면서 언덕을 올라야 했다. 따뜻한 집만을 떠올리며 간신히 목적지 앞에 도착하고 나니 벅찬 마음에 울고라도 싶은 심정이었다.

"여보세요, 안녕하세요! 저희 미리 연락 드렸던 여행자예요. 지금 도착했는데 어디로 가면 되나요?"

"어? 저 지금 외부에 나와 있는데 두 시간쯤 후에 들어가요. 아내에게 전화해 보시죠."

미리 약속이 되어 있어 안심하고 입구 확인 차 전화를 했던 건데 부재중이라니! 그런데 심지어 부인은 오히려 더 늦게 귀가하신단다. 미리 약속을 해뒀었는데 의사소통이 제대로 안 됐던 건가. 허탈한 웃음만 새어나왔다.

추위를 피할 곳도 하나 없는 산등성이에서 두 시간을 넘게 기다려야 하는 상황에 달하고 만 것이다. 통화가 끝나자마자 우리는 옷들을 전부 꺼내 겹쳐 입으면서 긴급 작전 회의에 들어갔다. 사실 이성적으로 사고하기엔 판단력이 꽁꽁 추위와 함께 다 얼어버린 지 오래다. 감정까지 고드름마냥 뾰족해져서 당장 해결책을 찾지 못하는 브놔에게까지 화가 나기 시작했다.

결국 우리는 카우치 서핑 회원과의 약속을 취소하고 다른 숙소를 찾아보기 위해 불빛도 거의 없는 밤 도로에 들어섰다.

눈발을 맞으며 좁은 도로 위에서 브놔가 앞서 달리고 그 뒤를 따라가는데 너무 지친 나머지 나는 허리도 제대로 펴지 못하고 자전거 위에 엎드린 채 페달을 밟았다. 왜 이 고생을 하고 있는 건가. 서글퍼져서 눈물이 삐죽삐죽 새어나왔다.

밤 10시가 다 되어서야 비교적 저렴한 비즈니스호텔을 발견했다. 몸뿐만 아니라 정신까지 너덜너덜해진 우리는 실내로 기어가듯 들어섰다. 그리고는 서로 말 한마디 꺼내지 않고 방이 정해지자마자 자전거와 짐을 들이고 우리의 무겁디 무거운 몸뚱이를 던졌다. 온몸이 녹는 듯했다.

도대체 누가 연습도 없이 시작하는 50킬로미터 주행이 쉬울 것이라고 말했던가. 어렵사리 완주는 했지만 매일같이 이렇게 달릴 수는 없는 일이다. 나도 브뇨도 똑같이 투덜거렸다.

문득 당연하다고 생각한 일들이 사실은 당연하지 않을 수도 있겠다는 생각, 그리고 그것이 매일 반복될 수도 있겠다는 생각이 들었다. 이미 첫날 길은 평평하지만은 않았고, 따뜻한 프랑스 남부에 눈발이 내렸으며, 당연히 만날 것이라 기대했던 카우치 서핑 약속은 무산되었다. 나중에 천천히 알아도 좋았을 것을 우리는 첫날 맞닥뜨렸다.

하, 내일은 어쩌나.

스러지는 별
아래에서의 첫날밤

LE VOYAGE DE NOCE EN PLEIN AIR

밖으로 나와 보니 하늘은 흐리고 공기는 차가운 데다 적지 않은 양의 눈까지 계속해서 내리고 있었다. 따뜻한 숙소에서 사나흘을 더 묵고 싶었지만 여행 기간 내내 이러고 있을 수도 있겠구나 싶어 마음을 다잡고 자전거 위에 올랐다. 천천히 달리다 보니 작은 마을 하나가 나타났다. 표지판에는 뚜르브Tourves 라고 쓰여 있다. 날씨 때문인지 예쁘장하기보다는 음울한 프랑스의 회색 분위기를 제대로 자아내고 있는 마을이었다. 아니, 프랑스보다는 파리의 그 음울한 분위기라고 해야 맞겠다.

문득 교환학생으로 파리에 처음 왔을 때가 떠올랐다. 그곳의 흐린 하늘은 낮인지 밤인지 알 수도 없는 하루의 오묘한 선상에 언제나 나를 올려놓았다. 어두운 복도와 교실, 캠퍼스는 한국에서 항상 경험하던 밝고 신선하며 기운이 넘치는 그것이 아니었다. 흐린 날씨에도 불구하고 프랑스의 대학에서는 수업이 있는 교실이 아니면 불을 켜놓은 곳이 없었다. 사용하지 않는 장소는 에너지 절약을 위해 불을 끄는 똑 부러지는 습관을 모두들 갖고 있었다. 어쨌든 그 분위기는 나에게 너무나 생소한 것이라 대략 1년간을 그 컴컴한 기운에 눈을 감고 꿈속을 헤매듯 지냈던 기억이 난다.

뚜르브라는 생전 들도 보도 못한 지금 이 동네의 날씨가 딱 그때와 닮아 있다는 생각이 들었다. 심지어 느지막한 오후 시간이다 보니 길거리의 모든 상점들까지 문을 굳게 닫아 마치 누아르 영화 세트장을 방불케 한다.

그래도 학생 때와 달라진 것이 있다면 자전거를 타느라 심신이 지치고 허기가 져서 우울할 틈이 없다는 것이다. 다 제쳐두고 우선 먹을 것을 찾아야 한다! 문을 연 곳이 없을 거란 걸 알면서도 브놔와 나는 눈에 보이는 모든 간판을 찾아 들락날락거렸다. 식당이고 빵집이고 휴식시간이라 문을 연 곳이 없었다. 늦은 오후에 춥고 배고픈 상태로 마을의 끝까지 도착해버렸다. 지금 먹을 것을 못 찾으면 다음 도착지까지 굶주린 채로 페달을 밟아야 한다는 사실을 애써 외면하며 마을 끝에 있는 호텔로 들어갔다.

어렵사리 문을 열고 2층까지 올라가는데 그것마저도 힘겹다. 텅 빈 호텔 레스토랑 분위기를 보아하니 희망적으로 보이지는 않는다. 어디선가 주인장 아저씨가 나오는데 어렵게 말을 시작하는 것이 불안하다.

"운영시간이 끝났어요. 거기다 좀 있다가 제 아이들을 데리러 가야 해요. 미안해서 어쩌죠. 다른 곳은 못 찾았나요?"

온몸에서 힘이 쭉 빠져나가는 것이 느껴졌다.

"네…. 시간이 그렇다 보니 전부 문을 닫아버렸네요."

간청할 기운도 없어 그냥 나가려고 하는 찰나 아저씨가 불러 세웠다.
"많이 지쳤을 텐데 괜찮으면 우리집에서 만들 수 있는 아무 음식이라도 내줄까요? 대신 제가 좀 서둘러야 하는데 괜찮겠어요?"
"네!"
남은 음식을 전자렌지에 데워 주는 것인데도 불구하고 가슴까지 따끈따끈해졌다. 정 많은 아저씨는 저녁에 먹으라며 우리에게 남은 빵까지 싸주셨다. 밖으로 나와 보니 구름에 가려져 있던 햇살도 슬쩍 나와 젖은 자전거를 말려주고 있었다. 갑자기 온 세상이 달라진 듯했다. 들어갈 때와 달리 우리는 해가 보이는 이 순간이 아까워 서둘러 자전거에 올라 페달을 밟았다.

늦은 오후엔 브히놀^{Brignoles}이란 곳에 도착했다. 뚜르브에서 밥을 못 먹었으면 굶주린 채로 한 시간은 달렸어야 했는데 정말 천만다행이었다. 추운 몸을 녹이기 위해 눈앞에 보이는 낡은 바에 들어갔다. 그 안에는 마을에서 평생을 살아와 익숙하지만 지루한 눈빛을 가진 나이 든 주민 몇이 조곤조곤 이야기를 나누고 있다. 순식간에 젊은 이방인이 된 우리는 그들의 호기심 어린 시선을 잠시 맛보곤 몸이 녹자마자 그곳을 빠져 나왔다.
이른 시간은 아니었지만 그래도 그냥 지나치기엔 박물관 같은 이 마을이 아까워서 살짝 돌아보기로 했다. 이곳은 지도상에서는 골목들이 마을 중앙을 향해서 달팽이관처럼 모이는 형상을 하고 있고 대부분의 중세도시처럼 그 중심에는 마을의 지주가 거주했던 성이 자리 잡고 있다. 우리는 타임머신을 타고 빨려들어 가듯 내리막으로 떨어지는 좁은 골목을 따라 들어갔다. 오래된 작은 쪽문들과 창문, 단단한 돌 벽이 그 당시의 시대 분위기를 그대로 전해주

13세기 기사단 소유로 지어진 건물로 중세 십자가 문양이 돌 위에 남아 있다.

는 듯했다. 인적이 드문 데다 좁은 골목 양쪽에 서 있는 오래된 건물들이 문을 굳게 닫고 있어서 궁금증을 더욱 자아냈다. 시간을 잊고 구경하다 보니 날이 어두워졌다. 밤을 준비해야 한다는 생각에 정신이 번쩍 들어 골목길을 부지런히 빠져나왔다.

드디어 야심차게 준비한 텐트와 캠핑장비들을 제대로 시험해 볼 시간이 왔다. 유럽에는 대체적으로 캠핑시설이 많은데 특히 개인 텐트를 치기 위해 자리만 대여하는 경우 싸게는 일인당 6유로 한화 8400원 정도에 하룻밤을 묵고 샤워와 화장실 사용, 전기충전 그리고 취사까지 가능하다. 다만 현재는 우리가 여행하는 기간이 방학시즌이 아니어서 대부분 문을 닫은 상태라는 것. 어제도 인터넷이 되는 틈을 타서 구글맵으로 미리 캠핑지를 찾아 연락을 취해봤지만 답이 없거나 문을 닫은 상태였다. 그렇다면 답은 하나, 우리만의 야생캠핑 Camping Sauvage이다.

야생캠핑은 하룻밤을 지내기 위한 장소물색으로 시작한다. 처음에는 무조건 사람들 눈에 띄는 곳에 자리를 잡아야 되는 줄 알았다. 혹시라도 있을 짐승으로부터의 사고에 대비해 사람들의 도움을 쉽게 받을 수 있을 것이라 생각했던 것이다. 하지만 사실은 오히려 그 반대다. 캠핑장 장소는 도로에서 멀리 떨어진 곳, 사람들의 눈에 띄지 않는 곳이어야 한다. 세상에서 가장 무서운 것은 무엇보다도 사람이라는 씁쓸하지만 무시할 수 없는 오래된 여행자들의 조언이 그러했다. 그리고 편안한 수면을 위해서는 흙이나 풀이 깔린 평지가 좋고 물이 가까이 있으면 취사할 때 편리하다.

마을을 나오자마자 우리는 캠핑장소를 찾아 주변을 샅샅이 살폈다. 개인 소유지인 포도밭만 널찍하게 펼쳐져 있고 마땅한 장소가 보이지 않았다. 길 군데군데에는 변장을 하고 앉아 있는 사냥꾼들까지 있다. 사냥 장소에 잘못 텐트를 쳤다간 날아가는 총알을 맞을지도 모를 일이다. 제대로 된 잠자리를 고르기 위해 우리는 한 시간은 더 달렸다.

"미영! 저기 어때?"

도로 옆 포도밭 끝자락에 오뚝 솟아 있는 작은 동산을 가리키며 브놔가 소리쳤다. 산등성이에 올라서니 포도밭 뒤로 인적 없는 숲이 나타났다. 어둠이 다 가오고 있어 사실 더 생각할 것도 없었다. 우리는 자전거를 끌고 숲으로 들어갔다.

드디어 여행 시작 후 처음으로 우리만의 캠핑을 시작했다. 내가 텐트 안에서 매트와 침낭을 풀어놓는 사이 브놔는 밖에서 차를 마시기 위해 버너에 물을 끓였다. 거친 바람을 피해 둘이서 나무 아래에 앉아 있으니 알 수 없는 뿌듯함이 몰려왔다. 바람이 구름을 데리고 떠나버려서인지 개운하게 걷힌 검은 하늘에는 셀 수도 없이 많은 별들이 빛났다. 여행의 시작을 축하한다는 듯 하늘 가득 반짝이고 있었다.

그러나 추위는 어쩔 수 없었다. 우리는 금세 텐트로 파고들었다. 그 안이라고 해서 크게 다를 건 없지만 그래도 따뜻한 침낭이 몸을 데워 주었고 텐트가 바람을 조금이나마 막아줬다. 거칠게 몰아치는 바람이 숲을 통째로 날려버릴 것 같았다.

"브놔, 이러다 우리 천 쪼가리랑 같이 날아가 버리는 거 아냐?"

"미영, 걱정 마. 여긴 오성짜리 호텔은 명함도 못 내미는 별 백만 개짜리 호텔이라고."

ITALY

ITALY

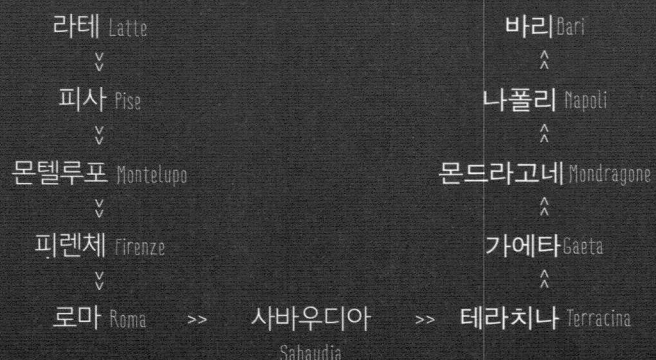

라테 Latte
∨
피사 Pisa
∨
몬텔루포 Montelupo
∨
피렌체 Firenze
∨
로마 Roma >> 사바우디아 Sabaudia >> 테라치나 Terracina
∧
가에타 Gaeta
∧
몬드라고네 Mondragone
∧
나폴리 Napoli
∧
바리 Bari

2013년 1월 22일부터 2013년 2월 12일까지 22일간

함께한다는 것

ENSEMBLE, C'EST EXTRAORDINAIRE!

프랑스에서 전혀 진행되지 않는 것만 같던 여행도 드디어 국경이란 것을 넘었다. 그것도 하루 만에 두 나라를 지났다. 모나코 그리고 이탈리아.
1993년 이전만 해도 여권 및 비자 검사로 한참의 시간을 보냈어야 할 모나코 이탈리아 국경. 이제는 빈 검문소 건물만이 흔적처럼 덩그러니 있을 뿐이다. 가냘픈 바람에 늘어진 이탈리아 국기만이 우리가 제자리걸음을 한 것이 아니었음을 느낄 수 있게 했다. 국경을 넘자마자 날이 풀릴 때까지 우리는 캠핑장에 머물기로 했다. 덕분에 프랑스의 굴곡진 해변도로를 달리며 탱탱하게 굳었던 다리 근육이 풀리면서 몸이 회복될 수 있었다.
그런데 브놔는 사기가 빗방울처럼 축축하게 바닥에 떨어져 있었다. 얼마나 용기를 상실했는지 프랑스로 돌아갈까라는 말까지 했다. 이 여행에 대한 기대치가 컸던 만큼 속도를 내지 못하는 것이 답답했나 보다.

"우리가 지금 자전거 경주하는 것도 아니고 벌써부터 포기하기엔 아깝지 않아? 조급해하지 말고 천천히 끝까지만 가보자."

때로는 소년 같아지는 남편을 달래며 3일을 쉬고서야 다시금 길에 올랐다.

이번 목적지는 피렌체^{Firenze}. 〈냉정과 열정 사이〉란 영화를 통해서 접한 걸 빼고는 아는 것이 하나도 없는 도시다. 그래도 브뇨는 어린 시절 두 번 와 본 기억이 있는데 워낙 인상적이었던지 이번이 세 번째 방문임에도 흔쾌히 오케이를 던졌다. 피렌체로 가기 위해서는 잘 포장된 도로 말고도 강 옆을 따라 펼쳐진 자전거길이라는 또 다른 선택이 있었다. 등 뒤에서 나를 받아버릴 것만 같은 차만 없다면야 조금 멀어도 나의 선택은 무조건 자전거길이다!

여행 2주차. 거친 강바람을 맞아도 강렬한 햇살이 온몸을 데워줘서 페달을 굴리는 맛이 남다르다. 하지만 강바람 때문인지 갑작스레 브뇨가 비실거리기 시작한다.

잠시 쉬어 가자고 강둑에 자리를 잡고 자전거에서 잠시 내렸다. 브뇨는 가지고 있던 음식들을 꺼내 간단하게 식사를 하더니 그대로 풀밭에 누워 버렸다. 햇살 아래서 한참을 쉬었지만 좀처럼 회복할 기미가 보이지 않았다. 심지어 편도가 부었는지 목이 아프다며 말 한마디도 제대로 못하는 지경에 이르렀다. 평소 꾸준하게 운동을 한 것도 아닌 데다 여행을 시작하면서 빨리 다음 지역에 도달해야 한다는 스트레스까지 겹쳐 심신이 모두 깜짝 놀란 게 분명하다. 그렇다고 자전거길 중간에 텐트를 칠 수는 없는 일. 브뇨의 체력을 회복시키기 위해서는 빨리 따뜻한 숙소를 찾아 제대로 휴식하는 것이 절실했다.

"가자! 조금만 더 가면 피렌체야. 도착해서 며칠 푹 쉬자."
간신히 브놔를 설득해 페달을 밟았다.
늦은 오후 어렵사리 피렌체에 도달했다. 자전거 길에서 도시로 진입하다 보니 피렌체 도착 직후 맞닥뜨린 장면이 주말의 공원 모습이었다. 공원에는 소풍 나온 가족들이 가득하고, 어린이날인지 곳곳에 가설치된 놀이기구와 색색의 풍선들이 흐린 하늘에 생기를 불어넣고 있었다.
공원을 빠져나오니 성근 돌로 만들어진 도로가 나타났다. 울퉁불퉁한 도로에 퉁퉁 튕겨가며 많은 건물들을 이리저리 피해 작은 골목으로 접어들었는데 이곳이 21세기의 시내가 맞는지 의심스러울 정도의 풍경이 펼쳐졌다. 좁은 골목

과 돌바닥, 오래된 건물들 그리고 수백 년, 어쩌면 천 년 넘도록 같은 자리를 흘렀을 법한 강줄기와 그것을 가로질러 세워져 있는 낭만의 결정체 베키오 다리 Ponte Vecchio. 빛바랜 오렌지색 지붕과 때마침 도시 전체를 덮어오는 노을까지……. 피렌체의 그 온화하고 감상적인 색이 온몸으로 스며들었다.

작은 골목을 따라 들어갔다. 낡은 건물들 사이로 동떨어져 보이는 거대한 산타마리아 성당 Basilica di Santa Maria del Fiore이 눈앞에 드러났다. 순간 털썩, 나는 그 앞에 선 채 꼼짝을 못했다. 성당의 깊이 있는 녹색과 흰 대리석으로 둘러싸인 화려한 외관. 가까이에서 보니 더욱 웅장한 크기에 감격해 심장마저 쿵쿵댔

다. 그리고 그 순간, 교회의 종소리가 온 도시를 뒤흔들기 시작했다. 알 수 없는 감동이 북받쳐 눈물이 터질 것만 같아 나는 서둘러 사진 몇 장 찍고는 다른 길로 자전거를 돌렸다.

애써 감동을 접어두고 브놔가 편히 머물 수 있는 호텔을 찾아 나섰다. 자전거와 짐을 두고 다닐 수 없어 한 명은 짐을 지키고 다른 한 명은 호텔에 들어가 보기를 반복했다. 아무래도 2, 3일은 머물러야 하니 비싸도 안 되고, 자전거 보관도 쉬워야 하고, 따뜻해야 한다는 조건에 따라 방을 찾다 보니 딱 마음에 드는 곳을 찾기가 쉽지 않았다.

우리는 각자 가지고 온 정보를 종합해서 가장 적절하다 싶은 곳을 선택해 들어가기로 했다. 두오모 성당 바로 옆에 있는 호텔인데 자전거를 승강기에 태워 올려 보내고 들어가 보니 생각보다 아늑했다. 작은 공간에서 최대의 이익을 보겠다는 요즘 호텔과 달리 방이 널찍하고 침대도 두 개나 여유 있게 놓여 있는 것이 아주 마음에 들었다. 자전거 두 대도 들여놓고 짐을 풀자마자 브놔는 침대 속으로 파묻혔다. 그렇게 하루, 이틀 밤이 지났다.

"브놔, 우리 여행 어떻게 해?"

"몸이 안 좋아서 지금은 모르겠어."

남편이 아픈 걸 알면서도 로맨틱이 넘실대는 이 도시를 함께 마음껏 즐기지 못하고 있다는 사실에 조금씩 답답함이 올라와 결국 못난 말을 하고 말았다. 이런 나를 보면 참 이기적이다.

혼자 앉아 곰곰이 생각을 되짚어 봤다. 사실 피렌체에 도착 후 아무것도 하지 않은 것은 아니었다. 몸이 아픈데도 불구하고 브놔는 오래된 역사를 자랑하는 베키오 다리 Ponte Vecchio, 왕궁이었다 지금은 미술관으로 사용되고 있는 피티 궁전Palazzo Pitti, 아르노 강Fiume Arno과 함께 펼쳐진 피렌체의 멋진 전경을 한눈에 볼 수 있는 미켈란젤로 광장Piazzale Michelangelo까지 동행해 주었다. 또한 저녁에는 비싼 이탈리아 물가에도 불구하고 자그마한 레스토랑에서 맛있는 식사도 하고, 식사 후에는 성당 앞에 종소리가 울려 퍼질 때 낭만적인 산책도 즐겼다. 그렇게 애써줬는데 어느새 브놔보다도 내가 더 조급해하고 있었다.

순간 미안함에 눈시울이 붉어졌다. 왜 나 혼자 힘든 거라 착각하고 있었을까. 우리의 여행은 두 개의 바퀴가 달린 자전거처럼 브놔와 나, 우리 부부가 함께 해나가고 있었는데 말이다.

잠들기 전 브놔가 써놓은 글을 보게 되었다.

'13시 37분. 고마워요 미미. 이 여행에서 나와 함께 해줘서…… Instant Leet. Et merci Mimi d'être avec moi dans ce voyage……'

피렌체에서 가장 크고 호화로운 르네상스 양식의 피티궁전. 1457년 메디치가에 대항하기 위해 피티가의 대상 루카 피티가 브루넬레스키에게 의뢰해 지었으나 피티의 죽음으로 메디치가에 넘겨졌으며, 라파엘로, 티치아노, 필리포, 루벤스 등의 작품들로 가득 차 있다. 사진은 피티 궁전 내부.

브뇨와의 만남

COUP DE FOUDRE

대학을 졸업한 후 나는 영상세트 제작회사에서 인턴으로 일했다. 일은 즐거웠다. 그러나 정직 발령이 나고 얼마 되지 않아 의문이 시작됐다.
'이 일을 평생 하면서 살아간다면 50년 후의 나는 과연 행복할까?'
아무리 생각해도 내가 원하는 삶은 이런 것이 아니란 생각이 들었다. 파리^{Paris}가 생각났다. 대학시절 교환학생으로 갔던 파리. 그곳에서 맛봤던 외로움과 자유, 기쁨 등 묘한 기운이 나를 흥분시켰다. 그러자 도저히 사무실에 앉아서 일을 할 수가 없었다. 나는 직장을 정리하고 1년간 모은 돈을 들고 프랑스 파리로 날아갔다. 1년짜리 학생 비자를 들고.
교환학생 때는 한국의 모교 ^{이화여대}와 프랑스의 대학교 ^{Université de la Marne-La-Vallée}가 연계되어 있어 전공에 도움이 되는 미술사 수업을 들을 수 있었고, 기숙사도 미리 마련되어 있어 몸만 가면 되었다. 하지만 이때는 혼자 모든 걸 찾고 결정해야 했다. 프랑스어 하나 배우자고 비행기부터 타고 봤다. 왜 그렇게 프랑스에 가고 싶어 했던지 지금 와서 생각해 보면 이해가 안 될 정도다.

그렇게 짧지만 내 인생에 있어서는 굵직한 파리에서의 생활이 시작되었다. 우선 비용을 생각해서 시내에서 멀지않은 일드프랑스 Ils-de-France. 파리를 둘러싸고 있는 외곽지역에 방 하나를 구했다. 한국에서 온 친구가 같은 동네에서 기숙사 생활을 하고 있어 외롭지는 않았다.

겨울방학 중 어느 날 이 친구로부터 설날 식사 초대를 받았다. 나는 타지에서 누군가와 함께 명절을 보낼 수 있다는 기쁨에 가득 차 한걸음에 달려갔다. 기숙사 공용 식당으로 들어가니 어느새 떡국이 따끈하게 끓여져 있었다. 한국 친구들만 있을 줄 알았더니 웬 모범생 차림의 프랑스 남자도 한 명 앉아 있었다. 서로 인사를 나누고 처음엔 배려 차원에서 모두 프랑스어로 이야기를 했다. 하지만 한계는 있는 법. 결국엔 우리도 모르는 사이 한국어로 이야기가 진행되었다. 그런데 갑자기 앞에 앉은 이 프랑스 남자가 한국어로 대답을 하는 것이 아닌가!

"한국말 할 수 있었어요?"

"아주 조금요."

그는 한국에 1년간 교환학생으로 있으면서 한국어를 배웠다고 했다. 브놔Benoit란 자기 이름도 한글로는 '브놔'라고 쓰는 것이 가장 정확하다며 상세히 일러주었다. 대화가 한결 수월해졌다. 이야기에 빠진 우리는 지하철 막차 시간이 다 되어서야 자리에서 일어섰다. 아쉬운 마음에 곧 열릴 중국명절 페스티벌에도 다함께 가자고 약속을 정했다. 그 뒤로 일주일에 한 번은 친구들과

함께 혹은 브놔와 둘이 만나서 수다를 떨었다.

여느 날처럼 만나고 집으로 돌아가는 길. 하루는 로맨틱한 문자 하나를 받았다.

'너로 인해 나의 가슴이 다시 뛰기 시작했어.'

물론 내 가슴도 뛰기 시작했었다. 같이 만나는 횟수가 늘어난다 했더니만 어느새 서로 좋아하는 감정이 커졌던 것이다. 그래서 이때부터 나는 어떻게든 더 오래 프랑스에 있으려고 노력했다. 하지만 비자를 비롯해 경제적으로도 더 길게 머물 사정이 안 됐다. 그렇게 브놔를 만나기 시작한 지 반 년도 채 되지 않아 나는 돈을 벌며 함께 지낼 수 있는 방책을 찾기 위해 혼자 한국으로 돌아갔다.

한국에 들어가자마자 프랑스 회사에 취직을 했다. 차후 프랑스 본사에서 일을 할 수도 있겠다고 생각했기 때문이다. 하지만 나의 바람은 거기서 끝이었다. 회사에서 내가 했던 일은 국내 신규 매장을 오픈하는 것이지 국외가 아니었기 때문이다. 일에 재미를 찾아갔다. 하지만 마음은 텅 빈 느낌이었다. 온종일 바쁘게 일을 해도 그 이유는 언제나 브놔와 함께하기 위한 것이었기 때문이다. 아침의 시작과 하루의 끝은 항상 브놔와의 통화였다.

한 달 두 달 하던 일이 어느새 일 년을 넘기고 있었다. 눈물과 그리움, 외로움 등으로 하루를 보내는 일이 많아졌다. 어느 날 더 이상은 안 되겠다는 생각이 들었다.

"미영, 프랑스로 와. 집을 구해 놓을게. 이곳에서 일도 구하자."

외국에서 일을 구하지 못하는 것도 두렵지 않을 만큼 브놔와 떨어져 사는 삶은 불행했다. 그 길로 나는 프랑스로 돌아왔다. 공항에서 브놔의 얼굴을 보자마자 든 생각은 살아있다는 것이었다. 이게 진짜였구나. 한국에서의 나는 허상이었구나.

어찌되었건 프랑스에서 나는 외국인이었다. 외국인의 신분으로 프랑스에서 합법적으로 살기 위해서는 이유가 필요했다. 취직을 하거나 학교에 들어가 비자를 받으면 되었지만 그것이라고 하루아침에 될 리는 만무했다. 그래서 브뇨와 나는 결혼을 하기로 했다. 가장 간단하면서도 진실된 이유. 이곳에 돌아온 것도 결국에는 둘이 함께하기 위한 것이었으니 말이다.

부활

LA RENAISSANCE

피렌체를 떠나는 날, 난 하나도 놓치고 싶지 않은 마음에 이탈리아의 그 유명하다는 우피치 미술관 Galleria degli Uffizi 을 마지막으로 들렀다 가기로 했다. 브뇨는 르네상스시대의 미술은 관심도 없는데 비싼 입장료까지 내고 들어가고 싶지 않다며 그냥 밖에서 기다린단다. 하긴 파리의 루브르 박물관에 갔을 때도 그는 다른 구간은 보지도 않고 1층의 메소포타미아관만 한참을 들여다보고 나왔다. 역사의 한 부분을 직접 눈으로 확인할 수 있기 때문에 옛날 이야기를 시각적으로 보는 것 같아서란다. 이런 확고한 취향과 그것을 거침없이 표현할 줄 아는 남편이 난 참 좋다. 그 덕에 대화를 나눌 때마다 알게 모르게 조금씩 배우는 것도 많다.

어찌 됐든 난 현장에서 내 눈으로 그림을 보고 싶었다. 아무리 예술을 몰라도 르네상스라 하면 대부분의 사람들이 알아듣는 그 저력이 어디서 온 것인지 속 시원히 봐야겠다는 생각이 들었다. 브뇨를 입구에 버려두고 혼자 미술관 안으로 들어갔다. 여느 유럽의 유명 박물관들처럼 짐 검사로 관람이 시작되긴 하지만 루브르 박물관 만큼이나 거대하지도, 엄청난 인파가 있지도 않아서 좋았다. 그룹으로 온 학생들 한 무리와 함께 들어갔는데 이미 시끌벅적대는 그들을 되도록이면 피하고자 재빠르게 미술관 안으로 앞서 나갔다.

드디어 그림들이 나타났다. 본격적으로 전시실로 들어서자 기대한 것과는 많이 다른 미술관 시설에 놀랐다. 낮은 천장과 좁은 복도들, 그리고 공사가 한창인 내부 곳곳의 사정이 르네상스 시대 거장들의 유명한 그림을 대거 소유하고 있는 곳으로 전혀 보이지 않았기 때문이다. 확장 공사인지 알 수는 없지만 안타깝게도 많은 그림이 빈 벽으로 남아 있기까지 했다. 모든 것을 눈으로 확인할 수 없다는 사실이 적잖이 서운했다.

그래도 마음을 가다듬고 전시실 하나하나를 둘러보는데 보티첼리의 〈비너스의 탄생〉을 비롯해서 평소 좋아하던 카라바조의 〈바쿠스^{Bacchus}〉를 비롯한 작품들과 미켈란젤로, 티치아노, 파울로 우첼로 등 제목은 몰라도 한번쯤 어디서든 본 적 있는 대작들이 여기저기 고개만 돌리면 나타났다. 마치 꿈을 꾸고 있는 것만 같았다.

그때 생뚱맞게도 생소한 이곳의 모든 것으로부터 무언가 떠올랐다. 아, 외갓집 서재의 한 칸을 가득 채우고 있던 그 책! 어릴 적 주말마다 집에서 멀지 않은 외가에 자주 놀러갔었다. 외가에는 서재에 책들이 꽤 많이 꽂혀 있었는데, 그중 미술대백과 같은 것이 특히 내 마음에 들었다. 곰팡이 냄새를 살짝 풍

기던 그 책들은 영어로 되어 있어 글은 읽을 수 없었지만 그림들이 가득 채워져 있어 보는 재미가 아주 쏠쏠했다. 모든 작품의 색채들이 어둡고 깊어 어린 나이에 혼자 보고 앉아 있으면 무섭기까지 했는데, 특히 신화의 잔인한 장면이라든가 한 귀족 가족의 초상화 같은 모습들은 더욱 그러했다. 당시에는 내용도 모른 채 그림을 보며 상상의 나래를 펼치곤 했었는데 그것이 차가운 방바닥의 기운, 습한 냄새와 함께 내 기억 한쪽에 오감으로 봉인되어 있었나 보다. 자전거여행 중 혼자 들른 미술관에서 그 책 속의 그림들을 맞닥뜨리자 나도 모르게 추억들이 새롭게 피어올랐다.

아마도 그 미술대백과 같은 것이 각 나라의 유명 미술관 작품들을 설명하는 전문서적이었던 모양이다. 그 책 속 대부분의 그림이 지금 내 눈 앞에 펼쳐져 있는 걸 보면 말이다. 그림에 대한 감동도 감동이지만 열 살 어릴 때의 기억과 감각이 당장 지금의 나를 강렬하게 사로잡았다.

"미술관은 좋았어?"
미술관에서 나오니 브놔가 입구에서 자전거와 함께 나를 기다리고 있었다. 그제야 나는 외갓집에서 그림책을 들추던 열 살짜리 꼬마에서 서른 살 브놔의 아내로 돌아갔다.
"응, 근데 브놔는 밖에서 기다리느라 추웠겠다."
그때 우리 옆에서 자전거를 유심히 보던 국적을 알 수 없는 할머니 할아버지 내외가 말을 걸었다.
"여행 중예요? 자전거를 보니 그냥 시내 주행용이 아니네요."
"알아보시네요? 저희는 아내의 고향 한국으로 가는 여행 중예요."

르네상스 시대 회화작품들로 유명한 세계적인 미술관 우피치 미술관은 안도 볼거리가 많지만 바깥도 미술관이다. 유명한 미켈란젤로의 다비드 상 진품은 아카데미아 미술관에 있고, 밖에는 모조품이 세워져 있다.

"그럼요, 알아보죠. 우리도 젊었을 때 둘이 자전거로 세계여행을 했었거든요. 유럽과 미국까지 여행을 했었는데 너무 좋았답니다. 아직도 새록새록 기억이 나는 걸요. 둘 다 아주 젊네요. 지금 할 수 있을 때 마음껏 세상을 누비고 즐기세요."

두 사람은 부러움과 추억에 젖은 눈빛으로 한참 우리를 바라보다 미술관으로 들어갔다.

라 돌체 비타!

LA DOLCE VITA!

경찰과 관광객들, 수많은 자동차로 북적대는 통에 정신없던 로마를 빠져나와 한가로운 이탈리아 서부 해안가 캠핑장에서 아침을 맞았다. 오랜만에 빗방울 대신 뜨겁게 떨어지는 아침 햇살이 텐트 안을 따끈하게 데워주었다. 온몸을 무겁게 적시고 있던 수분이 다 증발한 듯 상쾌하고 가볍다. 1년 12개월 항시 오픈하는 캠핑장을 운 좋게 찾은 것도 한몫했다. 이렇게 아침부터 따뜻한 물에 샤워까지 할 수 있으니 말이다.

외국 사람들이 왜 날씨만 좋으면 밖으로 나와 훌렁 벗어젖히고 누워 있는지 이젠 십분 이해가 된다. 한국에 있을 땐 우리가 얼마나 복덩이들인지 몰랐지만 이렇게 나와 보면 피부로 느끼게 되는 것이 한국의 아름다운 사계절과 날씨다. 워낙 날씨가 심술궂다 보니 잠깐 구름이 걷히는 순간도 너무나 소중한 것이다. 그러니 이런 날은 무엇을 하든 무조건 야외에서 해야 한다. 비타민을 온몸 가득 충전시키기에는 태양열만한 것이 없으니까.

우린 텐트 앞에 돗자리 같은 것을 깔고 아침식사를 했다. 얼마 전 묵었던 호텔에서 챙겨온 비스코티^{Biscotti} 두 봉지와 꿀 두 봉지가 전부였지만 버너로 물을 끓여 따뜻한 차와 커피를 만들어 함께 먹는데 별것도 없는 아침이 그저 행복하다. 시계도 안 보고 그렇게 얼마를 있었던지……. 좋은 날씨에 하루 종일 달려도 지치지 않을 것 같아 브뇨와 둘이서 늑장을 부렸는데 뒤늦게 시계를 보니 세상에나, 벌써 11시 반이다.

아까운 날씨가 지나가버리기 전에 이런 날 이탈리아에서 자전거를 타는 건 어떤 기분인지 한번 만끽해보자며 안장에 올랐다. 오늘은 길도 평지의 해안가를 따라 쭉 펼쳐져 있어 최고다. 모터라도 달은 듯 평균 20㎞/h 속도로 시원스럽게 바람을 느끼며 달리는데, 해변을 바라보고 펼쳐진 짙푸른 숲과 반짝이는 모래 향연까지 우리를 황홀경에 빠트렸다. 피렌체부터 한참을 골골대다가 어느새 건강을 회복한 브뇨는 미니 스피커로 음악까지 들으며 슝슝 앞서 나간다.

오늘은 점심도 무조건 야외 피크닉이다. 멋들어진 풍경을 내버려두고 실내 레스토랑으로 들어가는 건 자연에게 실례니 말이다. 길 가다 나타난 동네에서 각자 좋아하는 샌드위치와 달콤한 돌체$^{Dolce\ 단\ 것}$를 사고 아무도 없는 가까운 해변으로 가서 자리를 잡았다. 드문드문 발자국만 보이는 조용한 바닷가. 이런 곳에서의 점심이라니! 이거야말로 '라 돌체 비타$^{La\ Dolce\ Vita\ 달콤한\ 인생}$'가 아닌가. 이곳 사람들은 매일 이런 달콤함을 맛보며 사는 것일까?

ITALY

모래를 털고 일어나 다시 자전거를 타고 달려 라티나^{Latina}에서 멀지않은 한 항구도시에 이르렀다. 우리를 본 사람들은 연신 인사를 던졌다. 길에서 마주친 재미난 이탈리아 노부부 할아버지 할머니께서는 "브라보! 브라보!"를 연달아 외쳤고, 윤활유를 사러 들른 자전거 수리점에서는 우리 자전거들이 평생 들을 칭찬을 다 들었다. 수리점 주인장 할아버지는 자전거를 향해 감동어린 눈빛과 함께 "벨라벨라! $^{Bella\ Bella\ 아름다워!}$"를 외쳤다. 혼자 보기 아까웠는지 할아버지는 중년의 아들에게 가게를 맡기고 다섯 살도 안 돼 보이는 손주를 데리고 나와서는 브놔의 누워서 타는 자전거 원리를 꼼꼼히 설명해 주었다. 파란색의 미니작업복을 입고 있던 손주는 대충 듣는 척하다 이내 휑하니 들어가 버렸지만, 나중에 대를 이어 3대가 이 자그마한 수리소를 이어 운영해 갈 거라고 생각하니 나는 숨겨진 장인이라도 찾은 기분이 들었다.

다시금 여유롭게 페달을 밟는다. 인터넷이 될 때 미리 체크했던 캠핑장까지 해가 저물기 전에 도착하기 위해서였다. 그러나 캠핑장은 가도 가도 보이지 않았고, 날은 어두워지고 있었다. 가끔씩 보이던 캠핑장도 시즌이 아니라고 문을 닫아 결국 우리는 깊은 밤이 되었음에도 계속 도로를 질주해야 했다. 70km. 우리의 평균 주행거리를 훨씬 웃도는 만큼 달리고 나서야 도로 옆에 있는 사바우디아^{Sabaudia}라는 조용한 해변에 멈출 수 있었다. 도로와 해변이 워낙 붙어 있어 그냥 텐트를 치고 하룻밤을 보내기에는 무리가 있었지만, 다행히 작은 언덕이 도로와의 사이를 막아주고 있어 상대적으로 안전하다는 생각이 들었다. 어두워서 아무것도 보이지 않는 지대 위에 어렵사리 텐트를 치고 거친 파도소리와 함께 잠을 청했다.

눈을 뜰 때마다 안도의 한숨을 쉰다. 아직도 야생 캠핑이 익숙하지 않은 탓이다. 날이 밝긴 했지만 막상 나가기가 무서워 옆에 있는 브놔를 깨워 먼저 밖을 살펴 봐달라고 했다. 브놔는 귀찮아하면서 텐트 지퍼를 열어보더니 배시시 웃었다.

"어때 괜찮아? 아무도 없어? 안전한 거야?"

"미영, 밖에 나가봐. 완전 웃겨!"

밖으로 나와 보니 열댓 명쯤 되는 아저씨들이 낚시를 한다고 쭉 늘어서 있었다.

"본 조르노! *좋은 아침예요!*"

밤새 심사숙고해서 찾은 캠핑 장소가 낚시터였다니! 브놔와 나의 허술함이 어이없어 한참을 웃었다. 아저씨들도 젊은 부부를 안 깨우려고 나름 조심해서 다녔다며 호탕하게 웃었다. 그들이 떠난 후 우리도 이내 채비를 마치고 달렸다. 이탈리아 아저씨들의 호탕한 웃음으로부터 전해받은 행복한 순간을 온몸으로 만끽하면서 말이다.

야생 캠핑

CAMPING SAUVAGE

지난 나흘 동안 우리는 이탈리아 서부 지역의 변덕스러운 날씨를 제대로 체험했다. 커다란 우박들이 2월 한낮에 안전모를 내리쳤고, 흐린 하늘은 가끔씩 비치는 몇 줄기의 햇살만으로 낮이라는 것을 알아차릴 수 있을 정도였으며, 번갈아 치는 소나기까지 더해 자전거여행이 점점 더 흥미진진해졌다. 우리는 얇디얇은 방수 점퍼에 의지한 채 열심히 페달을 밟았다. 턱턱 피곤이 몰려와 다음 도착지에서는 따뜻한 호텔에 묵어가기로 했다.

물론 계획처럼 저렴한 숙소가 우리를 기다리고 있는 것은 아니었다. 테라치나 Terracina에서는 숙소를 찾다 결국 야생 캠핑을 할 수밖에 없었다. 이곳에는 군데군데 텅 빈 저택과 깨끗한 도로, 평소엔 입장료를 내야만 들어갈 수 있는 것으로 보이는 해수욕장이 덩그러니 있을 뿐 저렴한 숙소 같은 것은 보이지 않았다. 다행히 도로가 잘 정돈되어 있고 나지막한 산맥이 도로와 해변 사이에서 거친 바닷바람을 막아주어 라이딩을 하기에는 나쁘지 않았다.

시간은 이제 오후 5시 남짓. 브놔가 달리기를 멈추더니 슬쩍 산맥 너머 해수욕장으로 들어가 본단다. 도로가에서 기다리고 섰더니 다시 모습을 드러낸 브놔가 아주 잔뜩 흥분해서는 소리쳤다.
"천국 같은 곳을 찾았어, 미영! 지금 당장 캠핑을 하는 게 어때?"
텐트를 치기엔 이른 시간이지만 이렇게 들뜬 브놔의 기분을 거절하기란 쉽지 않다. 도로와 해수욕장 사이를 막고 있는 장벽 같은 것을 넘어가야 했지만 나의 귀여운 남편을 위해서라면 이 정도쯤이야! 자전거는 장벽을 넘기 전 숨겨두고 짐만 들고 브놔를 따라나섰다.
브놔가 흥분할 만도 했다. 입구부터 해변까지는 금방이라도 내려앉을 듯한 썩은 나무 계단이 총총총 이어져 있고 그것을 따라 내려가니 회색하늘과 맞물린 텅 빈 해변이 나타났다. 바다는 차가운 바람 속에 침묵하고, 모래밭에는 어디서 흘러온 것인지 알 수 없는 나무 밑동과 변색된 솔잎들이 떨어져 있었다. 우리가 걸어내려온 언덕배기에는 지난여름 화려했을 야외 바와 카페, 빛바랜 놀이기구 들이 나뒹굴고 있었다.
브놔와 나는 부분 부분이 썩었지만 여전히 견고해 보이는 나무 갑판 위에 자리를 잡았다. 파도와 바람소리 앞에 서 있으니 노아의 방주에 올라선 것 같은 느낌마저 들었다. 우리에겐 모든 것이 충만했다.

호텔 그리고 다시 캠핑
HÔTEL ⋯ CAMPING

자전거로 하는 여행이니만큼 선택해야 하는 길에도 예외가 많고 경로도 자주 달라졌다. 그래서 가끔씩은 정말 우리의 결정이 아닌 자전거의 마음대로 간다는 생각도 들었다. 우리가 계획했던 것과 달리 예상치 못한 곳에 발을 딛게 되면 그 기대감도 남다르다.

스페르롱가Sperlonga 역시 마찬가지였다. 사전지식 없이 자전거 바퀴를 따라서 굴러온 것인데 알고 보니 이탈리아의 가장 아름다운 지역 중 하나로 선정된 곳이라고 했다. 그 말이 그냥 떠도는 소문만은 아니라는 것은 이 마을을 조금만 둘러봐도 알 수 있다. 파란 바다에 둘러싸인, 마을의 끝자락만 땅과 이어져 마치 작은 산봉우리 섬과 같은 곳. 이 꼭대기에는 오래된 광장을 가운데 두고 작은 집들이 옹기종기 모여 있다. 내려다보이는 풍광도 그렇거니와 알

수 없는 마을의 분위기가 언젠가는 꼭 다시 와서 살고 싶을 만큼 아름다웠다. 홀린 듯 마을에서 벗어나지 못하자 브놔가 결단을 내렸다.

"어서 가자, 미영!"

그의 등살에 나는 아름다운 스페롱가를 뒤로 한 채 가에타Gaeta로 향했다. 스페롱가 산꼭대기에서 쏜살같이 내려와 금방까지 광장 위에서 감탄하며 구경했던 해안도로로 들어섰다. 산 옆구리 도로의 급한 경사에 둘 다 감탄인지 경악인지 알 수 없는 소리를 질러대면서.

가에타에 도착했을 때는 아직 저녁이 되지 않았다. 이젠 무리해서 계획을 잡지 않기 때문에 목적지에 제 시간에 도착하곤 한다. 오늘은 도시로 들어서자마자 즉시 호텔을 찾아 헤맸다. 이틀을 바닷바람과 함께 밖에서 눅눅하게 지냈기 때문에 샤워를 하고 따뜻하게 자고 싶었기 때문이다.

처음에는 어려웠던 숙소 찾기가 점점 쉬워지고 있다. 몇 번의 경험을 통해 자전거로 동네 전체를 한번 쭉 둘러보고 숙소가 밀집된 곳에 멈춰서 서너 군데 들어가 시설과 가격을 알아본 후 그중 마음에 드는 곳을 정하면 됐기 때문이다.

좁은 골목 안, 넝쿨나무가 우거진 매력적인 호텔이 모습을 드러냈다. 흐드러지게 피어 있는 꽃과 나무에 둘러싸인 오래된 건물이 인상적이다. 카운터로 들어서니 1층 식당 방에서는 주인과 이웃 친구들이 다함께 모여 신나게 카드놀이를 하느라 정신이 없어 보였다. 손님이라곤 우리가 전부다. 이럴 땐 숙소 전체를 전세 낸 것과 마찬가지다.

우리는 그들의 즐거운 기회를 틈타 세탁 허락까지 받아냈다. 제일 좋은 방에 짐을 풀고 시원스럽게 샤워를 하고, 비가 오지 않는 시간대에는 가지고 있던 모든 옷을 옥상에서 세탁하고 널었다.

호텔에서의 달콤한 휴식이 끝나고, 구름에 가려서 잘 보이지도 않는 해가 뜨자 우리 둘뿐이었던 호텔을 나왔다. 오가는 차도 많고 짐도 꽤 무거운 상태였는데 쉽게 45㎞ 정도를 달렸다. 역시 제대로 휴식을 취한 덕이다. 여행 중 하루 평균 거리는 25㎞ 정도. 더 상승할 기세를 보이지 않았지만 이젠 얼마나 달렸느냐는 것보다 그때그때 우리의 컨디션에 더 집중하고 즐기기로 했다. 자전거 경주에 참여한 것도 아닌데, 얼마나 더 빨리 달리느냐만 생각하다간 눈 깜짝할 새 한국 땅에 서 있을지도 모르는 일이다.

오늘 도착한 곳은 몬드라고네Mondragone. 이 도시 분위기는 참으로 처참하다. 정비되지 않은 도로에는 뿌연 먼지가 가득하고 곳곳에 로드킬을 당한 흔적이 난무하다. 어서 이곳을 빠져나가거나 아예 밤을 이곳에서 보내거나 선택은 둘 중 하나다. 그런데 한두 시간 더 달려 다음 도시에 도착하기는 어려워 보인다. 그렇다면 빨리 쉴 곳을 알아보는 것이 최선이다.
바다 옆으로 캠핑장이 몇 개 보여서 여기저기 들어가 봤지만 안타깝게도 모두 시즌이 아니어서 텅 비어 있다. 오픈한 캠핑장을 찾겠다는 기대는 일찌감치 접고 혹시라도 자리가 있나 싶어 들어간 곳에서 야생 캠핑을 하기 적당한 장소를 찾았다.
저 멀리서 개들만 요란하게 짖어대고 주변은 한없이 적막하다. 하룻밤을 보내기엔 나쁘지 않다 생각하던 참에 바닷가 멀리에서 할아버지 한 분이 우리를 향해 걸어왔다. 그런데 영어고 프랑스어고 한국어고 한 마디도 통하지 않

앉다. 심지어 이가 좋지 않은지 이탈리아 말조차 정확하지 않다. 대략 눈치로 봐서는 캠핑장 주인인 듯했다.

그래도 어렵사리 대화를 하면서 사용료가 2명에 12유로^{한화1만6000원 정도}라는 것을 알아냈다. 그리고 샤워장은 코인을 넣고 4분 동안 쓸 수 있는데 뜨거운 물이 끊기면 다시 코인을 넣어야 한다고 했다. 캠핑장이라고는 하지만 다른 시설은 딱히 이용할 것이 없었다. 다만 뜨거운 물을 쓸 수 있다는 것과 안심하고 잠들 수 있다는 정도? 우리가 동전을 찾는 사이 할아버지는 됐다며 10유로만 받으셨다. 그리고는 샤워장에서 쓰는 코인을 듬뿍 주셨다. 인심 좋은 할아버지!

날씨가 매섭지만 일단 하루 종일 뒤덮어 쓴 먼지를 털어내야 했다. 우리는 4분짜리 샤워부터 재빨리 했다. 코인을 연달아 세 번을 넣고 했더니 호텔 샤워 시설 못지않다. 상쾌한 몸으로 나왔더니 차디찬 바닷가! 바람이 너무 차가워 발을 동동 굴리며 불을 지피려고 하니 할아버지가 자신의 간이 숙소로 들어가잔다. 바람이라도 좀 피하고 따뜻한 곳에서 쉬면서 밥도 먹어야 될 거 아니냐면서……. 고마운 마음에 식사라도 같이 하자니 됐다고 하신다. 그리고는 이리저리 살피더니 직접 담갔다는 와인 한 병을 선물이라고 내미셨다. 우린 그 자리에서 바로 한 잔씩 나눠 마셨다. 톡 쏘고 진득한 이탈리아 와인 맛 그대로였다. 그런데 독하다! 하지만 할아버지 마음이 고마워 남김없이 비웠다.

"추우니까 여기에 텐트 치고 자요. 밖에 바람이 너무 많이 불어."
서로 말 한 마디 통하지 않았는데 신기하게도 우린 그걸 다 알아듣는다.

"아녜요. 저희 텐트 엄청 단단해서 끄떡없어요!"
텐트가 좋은 거라며 온갖 몸짓으로 설명하고선 어렵사리 밖으로 나왔다. 자신의 숙소를 선뜻 내주는 할아버지의 마음이 너무 고맙다.

GREECE

파트라스 Patras
∨
키아토 Kiato
∨
코린트 Corinth
∨
살라미스 섬 Salamis Island
∨
아테네 Athens
∨
산토리니 섬 Santorini
∨
키오스 섬 Chios

2013년 2월 13일부터 2013년 3월 4일까지
20일간

풍요로운 파트라스
TERRE FERTILE

드디어, 단 한 번도 발 디뎌본 적 없고 만나본 적 없는 사람들이 사는 나라로 들어가게 되었다. 그리스! 브놔와 나는 자전거에 실린 짐만큼이나 가득 이 나라에 대한 물음표를 안고서 이탈리아 바리^{Bari}에서 그리스 파트라스^{Patras}로 가는 배표를 샀다. 오랜만에 큰 배를 탄다는 기대로 브놔는 내내 흥분을 가라앉히지 못하고 있다.

우리가 여행을 떠나기 전 한 친구가 농담으로 자전거로 여행을 한다면 바다를 건널 때는 페달이 달린 오리기구를 타야 하는 거 아니냐고 했다. 그러자 진지한 청년 브놔가 그 말을 받아서는 실제 그렇게 여행하는 사람이 있다고 했다. 그의 이름은 H. 웹상 _{Sans Voiture et Sans Regret 자동차 없이 후회 없이}에서 영어 알파벳 H 로만 자신의 이름을 밝힌 그는 여행이 좋아 2006년부터 모터를 사용하지 않은 채 긴 여행을 하고 있다고 했다. 예를 들면 육지에서는 자전거, 눈 위에서는 스키를 단 자전거, 물 위에서는 페달을 밟는 배 등 이미 존재하는 가장 원초적인 운송수단들을 재조립해서 자신만의 여행을 만들어 가고 있는 중이라고 했다. 프랑스인인 이 여행자는 나이도 지긋하니 60을 훌쩍 넘겼다고 했다. 그런데 우리의 여행이 끝나기 얼마 전 그가 생을 마감했다는 소식을 접했다. 직접 본 적은 없지만 지구상에서 행복 한 줌이 떨어져나간 것 같아 조용히 그의 죽음을 애도했다.

드디어 저녁이 다 되어 기다리던 승선 시간이 됐다. 우리는 슈퍼 패스트 페리 SUPER FAST FERRIES에 자전거와 함께 올랐다. 거대한 페리 입구는 워낙에 장대해서 컨테이너 트럭 정도가 들어가야 어울릴 듯한데 그 안으로 자전거를 몰고 들어가다 보니 순간 우리가 한없이 작게만 느껴졌다. 직원들이 자전거를 보관할 만한 장소를 알려주더니 선원용 매듭으로 단단히 동여매주기까지 했다. 객실로 올라오자 클래식하게 차려입은 직원들이 에스컬레이터를 타고 올라오는 초라한 행색의 우리에게 정중하게 인사를 했다. 이런 세심함과 예의가 참 좋다.

여객선 안은 난방이 잘되어 따뜻했고 사람도 북적대지 않았다. 세찬 바람이 불어대는 바깥과 비교해 신천지다. 주변의 다른 배낭여행자들처럼 매트와 침낭을 카펫 위에 펼쳐 자리를 만들었다. 안방 같다. 매트에 누워 웅웅거리는 모터 소리와 함께 그리스를 상상하면서 잠이 들었다.

자고 일어나니 1시간의 시차가 생겼다. 동쪽의 나라 한국에 가까워지고 있다. 배에서 내려 그리스에 발을 디뎠다. 항구가 있는 곳인데도 파트라스는 사람

GREECE

한 명 살고 있지 않는 듯 조용했다. 그래도 신선한 바람과 오렌지인지 레몬인지 알 수 없는 노란 열매를 가득 품은 길거리의 풍성한 나무들 때문에 생기가 느껴졌다. 그리고 천천히 훑어보니 분위기 좋은 북 카페와 케밥집도 눈에 띈다. 슬슬 이곳이 매력적으로 다가오기 시작했다.

카우치 서핑 친구와는 내일 만나기로 약속이 돼 있어서 오늘은 호텔에서 묵기로 했다. 작은 호텔 하나가 보여 들어가 봤다. 외관을 봐서는 저렴할 것 같지 않았지만 모를 일이다 싶어 문을 열어 봤다.

"안녕하세요."

여신마냥 풍성한 금발에 조용하고 조심스럽게 인사를 건네는 주인 아주머니. 상냥한 미소까지 여간 우아한 게 아니다. 방값도 의외로 저렴했다. 우린 아주머니의 분위기에 휩쓸려 스르르 방 하나를 잡아버렸다.

시작이 좋다. 이곳은 주위의 모든 것이 우리를 품어주는 것 같다. 자연과 문화와 따스한 공기가 뒤섞인 이 독특한 기운. 그 신선함과 너그러움이 브뇨와 내 안으로 스며들어 탐스러운 오렌지마냥 둘을 익혀가기 시작한다.

처음으로 만난 자전거여행자

ON A CROISÉ NOTRE PREMIER VOYAGEUR À VÉLO!

이제는 그리스 땅 위를 제대로 라이딩할 때가 왔다. 첫 목적지는 그냥 지나칠 수 없는 도시, 그리스의 수도 아테네^{Athens}. 경로를 정하기 위해 지도를 보니 펠로폰네소스^{Peloponnesos} 끝에서 아테네까지 가는 길에 공항이 있었다. 가는 길이 상쾌하지만은 않겠구나 싶었는데 브놔가 덧붙여 하는 말이 고속도로란다. 여행자포럼$^{voyageforum.com\ 자전거여행자들이\ 정보를\ 공유하는\ 프랑스\ 웹사이트}$에서 정보를 입수했는데 경험상 지나갈 곳이 못 된다며 다른 길을 추천해 줬단다. 우리는 비록 얼굴 한 번 본 적 없지만 베테랑 여행자 선배들의 조언에 따라 펠로폰네소스 끝에서 살라미스^{Salamis}라는 섬을 거쳐 아테네에 들어가기로 했다. 대략 일주일 정도를 예상하고 카우치 서핑 친구도 미리 찾아뒀다.

바람이 시원스럽게 불던 해안도로는 어느새 옆에 산길까지 낀 장관으로 우리를 인도했다. 인적이 없고 차도 그리 많지 않아 자전거를 타기에는 나쁘지 않았지만 워낙 사람이 없는 곳이다 보니 그 흔한 식당이나 슈퍼마켓 하나도 눈에 띄지 않았다. 결국엔 일이 나고 말았다. 아침 일찍 텐트에서 일어났는데 먹을 것이 하나도 없는 데다 어디 구할 곳도 없었던 것이다.
"브냐, 방법이 없다. 어서 빨리 짐 챙겨! 정신이 나가기 전에 뭐든 찾아야 해!"
우리는 서둘러 텐트를 접고 자전거에 짐을 싣고 무조건 페달을 밟았다. 눈에 보이는 게 없어서 커다란 트럭이 바로 옆을 달리는데 무섭지도 않았다.
얼마나 자전거를 탔는지 기억도 안 난다. 심지어 언덕도 몇 개 넘었는데 정신 없이 지나와서 힘들다는 생각도 하지 못했다. 그러다 또 다른 언덕을 넘는데 그제야 작은 구멍가게 하나가 나타났다. 브냐도 나도 생각할 틈도 없이 언덕을 훌쩍 넘었다. 그런데 막상 도착해 보니 정말 구멍가게여서 먹을 만한 것이 별로 없었다. 하지만 이것저것 따질 때가 아니다. 우리는 종류가 얼마 되지 않는 과자들을 눈에 보이는 대로 사서 허겁지겁 배를 채웠다.
허기가 가시고 나서야 비로소 주변이 조금씩 보이기 시작하고, 우리가 지나온 그 길이 그냥 보통의 언덕길이 아님을 깨달았다. 언덕 아래 내려다보이는 마을은 바다를 끼고 아기자기한 집들과 열매 가득한 레몬나무, 오렌지나무가 흔들거리고 있었다. 평생을 그곳에 있었을 법한 집과 꽃, 나무 들이 생명 넘치는 모습으로 멋진 풍경을 완성해 놓고 있다. 슬쩍 길가에 떨어져 있는 레몬 하나를 홍차 마실 때 넣어 먹을 요량으로 챙겼다. 허기도 가시고, 아름다운 풍경에 우리는 신이 나서 다시 오르막길과 내리막길을 번갈아가며 달렸다.
그런데 갑자기 사람 하나 없던 도로 위로 저 멀리서부터 우리 쪽으로 다가오

는 무언가가 보였다. 누군가 자전거를 타고 오고 있었다. 짐이 가득 실린 것이, 또 다른 자전거여행자다! 서로를 발견한 순간 모두 약속이라도 한 듯 길 옆에 자전거를 세웠다. 그러고 보니 자전거 가방에 작은 일장기들이 달려 있다. 일본사람인가 보다.

인사를 나누려는데 말 한마디 하기 무섭게 이 여행자는 자신의 카메라를 들고 길바닥에 엎드려 누워버린다. 그리고는 열정적으로 각도를 잡으면서 카메라 셔터를 눌러댔다. 셋이서 같이 나오게 하려면, 그것도 풍경이 나오게 하려면 바닥에 카메라를 둬야 하나 보다. 말 한마디 안 나눴는데 먼저 사진을 찍기 위해 서두르는 여행자의 모습에 당황하면서도 한편으로는 재미있어 우리는 그를 위해 서둘러 포즈를 잡았다. 찰칵 소리가 나고 사진이 제대로 찍힌 것을 확인하자 여행자는 그제야 제대로 인사를 했다.

그런데 영어도, 한국어도, 프랑스어도 안 통한다. 다행히 브놔가 조금 배운 경험이 있어 일본어로 대화를 시도했다.

"어디에서 오세요?"

"터키에서 시작해서 지금 이탈리아로 가려는데 국경이 막혔대요. 그래서 돌아서 다른 길로 가는 중이에요. 파트라스에 항구가 있다고 해서요. 그런데 확실하진 않아요."

"어, 저희 거기서 오는 길인데! 파트라스에 항구가 있어요. 자전거를 갖고 국경을 넘을 수 있고요."

"정말요? 고마워요, 너무 고마워요!"

그러더니 또다시 다급하게 가방에서 종이를 꺼냈다.

"여기, 여기, 가는 길에 산이 무너져서 길이 없어요! 노란색 차! 노란색 차!"

"……?"

아저씨는 조금 상세하게 설명을 하려 했지만 무슨 말인지 이해가 되지 않았다. 분명 중요한 정보를 우리에게 알려주고자 하는 것 같은데 도통 알 수가 없다. 아저씨는 짧은 영어로, 종이에 그림까지 그려가며 최선을 다해서 뭔가를 전달하려고 애썼다. 대략 우리가 곧 지나게 될 국도가 현재 막힌 상태라는 것 같다고 생각했다. 비록 말은 통하지 않아도 우리는 그에게 파트라스 항구를, 그는 길이 막힌 것을 알려줬다. 마치 신이 서로에게 살아있는 이정표를 던져준 것 같다.

서로 연락처를 나누는데 아저씨는 자신의 이름을 알파벳으로 한 자 한 자 매우 정성을 들여 썼다. 다 쓴 이름을 읽어 보니 수기모토^{Sugimoto} 씨다. 아저씨는 다시 땅바닥에 누워 사진을 찍었다. 우리 카메라로 나중에 찍은 것이 당신이 찍은 것보다 더 잘 나왔기 때문이다. 사진 한 장에도 그리 최선을 다하는 모습. 그의 열정을 감히 우리가 짐작이나 할 수 있을까? 하긴 64세라는 나이에 홀로 세계 자전거여행을 하는 것이 곧 그의 열정을 증명하는 것이나 마찬가지 아닐까.

얼마 가지 않아서 방금 아저씨가 힘들게 설명하던 국도가 실제로 눈앞에 나타났다. 지나갈 수 없는 것 같았는데 자동차 한두 대가 들어가는 모습이 눈에 띄었다. 결정을 내리기가 쉽지 않다. 이 길이 아니면 고속도로밖에 없는데 자전거를 타고 어떻게 고속도로 위를 달리나. 둘이서 갈림길 위에서 안절부절 못하고 있는데 들어갔던 자동차 중 한 대가 되돌아 나왔다. 얼른 차로 뛰어가서 지날 수 있는 길이냐고 물어 보았더니 산이 무너져서 도로가 막혀 있다고

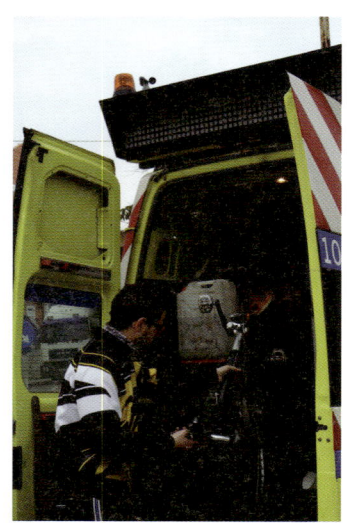

했다. 금방 수기모토 아저씨를 만나지 않았더라면 그냥 훅 들어갔을 길을 헛수고 없이 비켜갈 수 있게 되었다. 누가 여행 내내 우리를 따라다니며 가이드라도 해주고 있나 보다.

이젠 별 수 없이 무조건 고속도로로 진입해야 한다. 온몸이 긴장으로 바짝 굳었지만 앞만 보고 달리기로 했다. 뒤에서 쏜살같이 달려오는 트럭과 버스, 승용차 들의 소리만으로도 겁이 나는데 뒤를 돌아봤다가는 그만 쓰러져 버릴 것만 같다. 비상도로를 타고 10여 분 정도를 달렸을 즈음 뒤에서 경보음이 울려댔다.

"삐용삐용!!!!! 웨에엥!!!!!"

뒤를 돌아보니 경보음을 울리며 단속트럭이 우리를 따라오고 있었다. 뭔가 했더니 아까 그 수기모토 아저씨가 열심히 종이 위에 그려가며 설명했던 노란색 자동차 어쩌고 한 것이 이 단속 트럭을 말하는 것이었다.

이미 국도가 막힌 걸 알고 있는 단속 트럭 운전수는 우리를 다음 국도까지 태워다 준다며 서둘러 타라고 했다. 트럭에 오르니 운전수 아저씨도 수기모토 아저씨 이야기를 하신다. 평소엔 한가했을 단속 트럭 아저씨. 한날에 두 번이나 자전거여행자들을 실어 나르고 있으니 혼자 뭔 일인가 싶겠다는 생각이 들었다.

우연이지만 마치 예정되어 있던 것 같은 만남도 그렇고, 다른 여행자가 금세 밟았던 길을 반대로 밟아가고 있는 오늘의 여정이 참 신기하기만 하다. 세상엔 똑같은 사람은 없을지라도 비슷한 생각을 가진 사람들이 여기저기 존재하나 보다. 그들은 흩어져 살다 같은 생각을 따라 움직이다 결국 어느 한 지점에서 만나게 된다. 오늘 수기모토 아저씨와의 만남도 그런 경우가 아닐까. 매일 만나는 사람도 사실은 나와 같은 생각을 가진, 세상에 정말 몇 안 되는 소중한 존재다. 친구들과 가족들이 떠올랐다. 그리고 곧 만나게 될 만남들이 더욱 기대된다.

파파필리스
빵 아저씨

PAPAPHILIS, LE PATRON DU PAIN

날이 저물 때까지 에게해^{Aegean Sea}를 따라 페달을 밟았다. 큰 도로를 피한다고 해안가를 택했는데 길을 잘못 선택했는지 사방이 공장지대다. 꿈꾸던 해안도로 대신 음산하고 인적 없는 숲까지 나타난다. 이상하게 탁한 공기까지 선뜻 오랜 시간 자전거 타기가 꺼림칙하다.

이런 환경에 둘러싸이면 우리는 이유도 없이 실랑이를 벌이곤 한다. 아니나 다를까, 저녁이 다가오니 대충 공장 옆에서 텐트를 치고 하룻밤을 지내자는 브놔와 그리스 처녀귀신이라도 튀어나올 것 같은 곳에서는 캠핑을 할 수 없다는 나의 생각이 부딪쳤다. 그래도 오늘은 내가 워낙 단호하게 말한 탓인지 브놔가 투덜거리면서도 나의 의견을 따라줬다. 우리는 어떻게든 빨리 이곳을 벗어나기로 하고 계속해서 페달을 밟았다. 곧 공장지대가 끝날 것이란 기대를 갖고 말이다. 그런데 어둠이 밀려오는데도 계속해서 보이는 건 공장 건물들뿐이었다.

한 공장 입구 경비실에 사람이 보이자 우리는 지푸라기라도 잡겠다는 심정으로 달려갔다.

"안녕하세요, 아저씨! 여기 주변에 혹시 호텔 같은 곳 없을까요?"

경비 아저씨 뒤로 보이는 환하게 불 켜진 회사 내부가 눈에 들어왔다. 순간 회사 복도에서 하룻밤을 보내는 것도 나름 멋질 것이라는 생각이 들었다. 그러나 그게 가능할 수는 없는 일.

"기다려 봐요. 한번 알아볼게요."

그새 아저씨는 여기저기 전화를 걸었는데 비록 알아들을 수는 없었지만 우리를 위해 숙소를 알아보시는 듯했다. 나는 아저씨의 친절만을 생각하고 있는데 브나는 빠르게 덮쳐오는 어둠에 긴장하기 시작했다. 이런 숲과 공장지대에서는 불빛이 없어 라이딩이 불가능한 데다 캠핑 장소를 찾기가 어렵다.

"저기 아저씨 괜찮아요. 너무 어두워져서 더는 안 될 것 같아요. 저희끼리 찾아볼게요."

그렇지만 친절한 아저씨는 수화기를 놓지 않고 어두워지자 결국 우리를 회사 안으로까지 들였다. 빵을 만드는 회사였는데 내부는 생각한 것 이상으로 따뜻하고 깨끗했다. 심지어 넓은 휴식공간과 화장실까지 눈에 띄었다. 혹시 여기에서 하룻밤 쉬고 갈 수 있게 해 주려나 하는 기대를 했는데 아저씨는 또 다른 직원을 소개시켰다. 그러더니 이젠 이 사람이 열정적으로 여행사 직원마냥 우리를 위해 숙소를 알아보기 시작했다. 인터넷 지도를 보여주면서 다양한 지역과 가격대의 호텔을 제시하며 선택만 하면 데려다 준다고 했다.

공장지대만 피해서 하룻밤을 보낼 수 있다면 좋겠다던 우리의 작은 바람은 결국 그들의 확신에 찬 도움과 제안으로 호텔 하나를 고를 수밖에 없는 상황에 이르렀다. 심지어 그 호텔은 이곳에서 10여 킬로미터 떨어진, 우리가 지나왔던 길목에 위치한 것이었다. 회사 숙소 안에서 자도 되는데.
"도움이 필요하면 언제든 연락해. 나의 친구, 브놔!"
그는 사무실을 나오기 전 명함에 전화번호까지 적어 주면서 매우 큰일을 했다는 듯 뿌듯해했다. 결국 덕분에 우리는 야밤에 경비 아저씨의 트럭을 타고 호텔로 실려 가야 했다. 뜻하지 않은 만남과 선택이라 당황스럽기도 했지만 두 사람의 생기 가득 찬 모습에 우리도 덩달아 활기를 되찾았다. 나중에 명함을 보니 그 열심히 설명하던 직원이 그 빵 회사의 회장님이었다!

드미트리와
드미트라들

LES DIMITRIS ET LES DIMITRAS

드디어 시야에 코린트 운하^{Corinth Canal}가 들어오기 시작한다. 대운하라는 걸 직접 본 적이 없어 호기심 어린 마음에 운하를 거쳐서 가기로 한 것이라 기대가 좀 컸는데 길 위엔 사람도 몇 없고 거친 바람만 불어온다. 멀리서는 확인하기 힘들었던 깊숙이 파인 운하. 도착하고 보니 거칠게 자란 나무와 풀들이 건조한 흙과 함께 대운하의 양 절벽을 둘러싸고 있고, 주변 분위기는 적막한 사막 지대를 떠올리게 했다. 그럼에도 푸르고 고요한 운하는 우리를 따뜻하고 묘한 기운으로 둘러쌌다.

그리스 경로를 정하는 데 애를 먹이던 공항도로 지역이 가까워졌다. 자전거가 달리기엔 위험요소가 많다 해서 처음부터 없는 도로인 셈 치고 한참 동안 아테네까지 가는 다른 방편을 알아봤었다. 지도에서 보니 다리라도 하나 놓여 있을 법한 거리인데 의외로 배를 타야 한단다. 결국 이 공항도로를 피하기 위해서 통행 버스처럼 운행되는 배를 타고 펠로폰네소스에서 살라미스 섬으로, 그리고 아테네까지 가기로 했다. 괜히 배를 타야 한다고 해서 복잡할 줄 알았는데 이곳에선 이 왕복선이 우리네 버스나 지하철과 마찬가지였다. 10분도 채 안 돼 건너편 살라미스 섬 Σαλαμίνα에 도착했다. 그리고 우리는 하룻밤 야생 캠핑을 하고 다음날 천천히 아테네 땅을 밟았다.

미리 연락이 되었던 카우치 서핑 친구 드미트리에게 곧 도착한다는 전화를 걸고 식당을 찾았다. 멀지않은 곳에 돼지그림의 표지판이 매력적인 기로스 케밥집이 보였다. 사실 번듯한 식당이라기보다는 주변 회사와 공장 인부들이 식사를 하는 곳처럼 보였다. 머뭇거리는 나와 달리 브뇨는 눈빛을 반짝이며 나를 설득했다.
"미영, 원래 이런 곳이 진짜 제대로야!"
그래, 남편을 믿어 보자. 가게 앞 인도가 워낙 좁아 보행자에게 지장이 가지 않도록 한쪽에 자전거를 세워 두고 식당으로 들어갔다.
"어서 와요!"
주인아주머니 인상이 푸짐하다. 아주머니도 그렇거니와 같이 일하는 사람도 외국어는 한마디도 못하고 메뉴판은 온통 그리스어다. 한참을 멍하니 들여다보면서 당황하고 있는데 호기심 많은 아주머니는 주문이고 뭐고 밖에 세워 놓은 브뇨의 자전거에 온통 관심이 쏠렸다. 들락날락 신이 나서 알아듣지도 못하는 그리스어로 질문을 마구 퍼부어대는데 커다란 몸짓까지 정신이 하나 없다. 뭔 말인지 도저히 알 수 없어서 스마트폰으로 지도를 보여주며 우리의 행

그리스 본토와 펠로폰네소스 반도 사이에 있는 코린트운하. 1893년 개통됐으며 총 길이는 6.3km이다.

로를 설명했다.

"아니, 세상에나! 그 먼 거리를 어떻게 가려고? 신의 가호가 함께하길!"

아주머니는 갑자기 놀란 얼굴로 커다란 성호를 그으며 말했다. 물론 한마디도 알아들을 수 없는 말이었지만 저런 의미로 말했다는 건 분명하게 느꼈다. 그때 점심시간이 되었는지 우르르 주변에서 일하던 사람들이 식당으로 몰려들어왔다. 잘됐다 싶었다. 메뉴판은 봐도 모르겠지만 저 사람들이 시키는 걸 보고 같은 걸로 주문하면 되겠지 싶었다. 그들은 케밥 샌드위치와 접시에 담긴 야채와 고기 같은 것을 시켰는데 시장이 반찬이라 그런지 전부 아주 맛나 보였다. 우리도 같은 것으로 달라고 당장 주문했다. 역시나 이 아주머니, 직원에게 음식을 준비하라 하고 당신은 꾸준히 안팎을 왔다갔다 식사하는 사람들뿐만 아니라 길거리 지나가는 사람들까지 불러 우리의 자전거여행 이야기를 펼치느라 분주했다.

"자기들, 음식값 안 내도 돼! 마음껏 먹어. 맥주는 내가 사는 거고 금방 지나간 총각이 당신들 음식값 내주겠대."

"네?!"

옆 테이블에서 식사하던 잘생긴 그리스 청년이 아주머니의 말을 통역해줬다. 누군가가 아주머니로부터 우리의 여행 이야기를 듣고 대단하다며 우리 식사값을 지불했다는 것이다. 말 한마디 못 나눈 행인이 우리를 위해 음식 값을 냈다니 이게 무슨 일인가. 어찌할 길이 없어 고맙다는 말만 연발하며 아주머니께 꼭 말이라도 전해달라고 신신당부를 했다.

그리스 땅을 밟고부터는 만나는 사람들 모두가 내 가족이 아닌지 의심스러울 정도로 모두들 친절하고 인심이 넘쳤다. 신이 난 우리는 다음 만남을 향한 기대로 가득 차서 다시 페달을 밟았다.

차들로 붐비던 아테네 시내에서 좁은 골목을 따라 들어가자 오르막 한쪽에 카우치 서핑 회원인 드미트리의 집이 보였다. 화려한 도시 가운데서 그의 오래된 아파트는 유난히 조용해 보였다. 문 앞에 도착하자마자 사진으로만 보았던 드미트리가 쑥 튀어 나왔다. 다부지고 큰 덩치에 활짝 웃는 모습이 늠름하다. 인사도 마쳤고 짐도 풀고 나니 이 에너지 넘치는 친구가 아테네의 야경을 보여준다고 시내로 나가자고 했다. 우리는 그의 또다른 친구 야나와 함께 야밤의 관광을 시작했다.

오랜만에 자전거를 두고 두 발로 나와서인지 혹은 너무 피곤한 탓인지 걷는 것이 힘겨웠다. 그러고 보니 집 밖을 나서고부터 계속해서 오르막길을 오르고 있었다. 산에도 오르고, 언덕도 오르고, 마을도 오르고, 카페도 오르고. 아테네란 도시가 그런 건지 드미트리의 취향이 그런 건지 가면 갈수록 꼭대기를 향해 올라가고 있었다. 그리고 마침내 아테네에서 가장 높은 곳에 있다는 아크로폴리스Acropolis of Athens까지 이르렀다. 현재는 별다른 흔적도 없는 돌뿐인 언덕 즈음에 이르자 드미트리가 설명하길 이 언덕이 예전에는 시민들이 모여 집회를 벌이기도 했던 역사적인 곳이란다.

아크로폴리스에서 아테네 야경을 감상하고 있자니 시원한 바람과 검푸른 하늘이 온몸을 휘감고 돌아 나도 모르게 황홀경에 빠져들었다. 저 아래 커다란 도시의 불빛이 하늘의 별과 함께 반짝였다. 아름다운 풍경에 놓여 마치 내가 아테네 여신이라도 된 기분이 들었다. 다 같이 사진을 찍자며 카메라를 들이댔다.

"악! 내 가방!"
갑자기 야나가 소리를 질렀다. 눈 깜짝할 새 가방이 사라진 것이다. 주변에 사람도 서넛밖에 없었는데 도둑이라니. 모두들 깜짝 놀라 이리저리 가방을 찾기 시작했고 드미트리는 범인을 찾는다고 바위 아래로 뛰어 내려갔다.
우리 때문에 올라온 것인데 이런 일이 벌어지고 나니 공연히 미안한 마음이 들었다. 산을 내려오는 동안에도 주변을 샅샅이 살펴보았지만 가방은 찾을 수 없었다. 분위기에 너무 취했었나 보다. 언제나 조심, 조심이다.

오늘은 드미트리의 친구가 우리의 아고라^{Agora} 관광을 책임지기로 했다. 화창한 날씨만큼 예쁜 여자가 이른 아침 찾아왔다.
"안녕, 너희 여행 이야기 듣고 달려왔어! 난 드미트라야!"
우리는 드미트라라는 이름 때문에 웃음을 터뜨렸다. 성별 차이로 끝 철자만 다를 뿐 드미트리와 드미트라는 결국 같은 이름 아닌가? 그리스에서 만난 사람들 대부분의 이름이 남자는 드미트리, 여자는 드미트라였다. 그저께 길거리에서 브뇌의 자전거를 보고 뛰어와 말을 건 사람 역시 드미트리였다.
아테네에 머무는 동안 우리는 드미트리로부터 대여섯 명의 친구를 소개받았는데 놀랍게도 그들 중 반 이상의 이름이 드미트라였다. 그것도 전부 여자였다. 아테네 중심에서 '드미트리'를 외치면 열 명 중 예닐곱은 뒤돌아보지 않을까 싶을 정도다. 우리에게 있어 드미트리와 드미트라는 어느새 그리스를 대표하는 대명사가 되어버렸다.
또한 그리스의 '드미트라'들은 나에게 부러움의 대상이 되었다. 그녀들은 저마

다 개성이 달랐고, 무엇을 하든 주저함이 없었으며 솔직했다. 그리고 각자의 매력을 알고 그에 맞게 꾸밀 줄도 알았다. 심지어 체력들도 좋아 우리를 관광시켜 주면서 하루 종일을 걸어도 지친 기색을 보이지 않았다.

어쨌든 사랑스러운 드미트라를 따라 우리는 아고라 구경을 시작했다. 드미트라는 우리에게 돈을 쓰지 않게 하려고 관광지 입장 전부터 매표소 안내원과 한참 동안 애를 썼다. 그리스 사람들의 마음이 푸르고 넓은 것인지, 서로가 가족 같아서인지 이들은 자주 우리가 지갑을 열지 못하게 했다. 마치 그래서는 안 될 것처럼 말이다. 어쨌건 오늘은 입장료를 냈다. 무료인 날도 있는데 이렇게 되었다며 매표소 직원마저 미안한 기색을 보였다. 인생에 공짜는 없으며 받은 만큼 돌려주는 것이 도리라는 신념으로 뭉친 브놔와 내게 있어 이들의 행동과 사고는 신기하기만 했다.

아고라에 들어서자 마치 비밀 정원에라도 들어선 듯 발길이 조심스럽다. 신전과 고저택, 광장, 아탈라 스토아 박물관 ……. 이탈리아 폼페이^{Pompeii}가 이곳 풍경과 겹쳐졌다. 나에게 폼페이가 죽은 도시였다면 아고라는 살아있는 도시다. 고대 유적지지만 이곳에는 아몬드나무가 하얗게 꽃을 피우고, 냇가에는 여전히 졸졸 물이 흘렀다. 뜨거운 햇볕이 검은 이끼가 낀 하얀 돌 위로 내리쬐고 정원은 숨을 쉬고 있었다. 거기다가 고풍스러운 헤파이스토스 신전^{Temple of Hephaestus}까지 정원의 언덕배기에서 바람을 맞고 서 있으니 유적지라고만 단정 짓기에는 부족함이 있었다.

우리는 드미트라가 별 것 없다고 하던 아탈로스 스토아^{Stoa of Attalos}를 개조한 작은 박물관에서도 한참을 보냈다. 우리에겐 이곳의 모든 것이 흥미로웠다. 정

교한 조각물을 좋아하는 나에게도 그렇거니와, 교과서에서만 보고 배운 민주주의 시초와 관련된 유적물들이 그 안에서 이야기를 펼쳐내고 있었으니 특히나 브뇌의 발걸음이 떨어질 리 만무하다. 한참 동안 아테네 중심까지 한 바퀴를 돌아보고 나니 몸은 지쳤는데 정신은 더 맑아진 듯했다.

드미트리 집으로 돌아오니 진수성찬이 차려져 있었다. 이모님께서 우리를 위해 장만하신 음식이란다. 고맙다는 말조차 나오지 않을 정도로 우리는 황송해하며 식탁에 앉았다. 위층에 사는 이모님은 종종 직접 내려오시기보다 드미트리를 불러 음식을 끈으로 묶어 아래층으로 전해줬다. 그 모습은 마치 그리스 신이 우리에게 양식을 내려주는 것만 같았다.

풍요와 수확의 여신에서 유래되었다는 드미트리와 드미트라 들. 그리고 이제 나에게는 그리스의 상징이 된 이름. 이름만큼이나 풍요로운 마음 씀씀이를 가진 그들을 우린 절대 못 잊을 것이다.

동행자 흰둥이
COMPAGNON D'UNE ÎLE

그리스는 많은 섬으로 이루어진 나라이니 서너 군데는 더 들렀다 가야겠다 다짐했건만 시즌이 아니다 보니 섬끼리 운행하는 배편이 없어도 너무 없다. 그러니 다음 입국 예정지인 터키 배편까지 운행하고 있는 섬이 있을 리 만무했다. 결국 갈 수 있는 섬은 두어 군데. 그중 우리는 현지인들 사이에서 더 유명하다는 섬 키오스Xios를 들렀다 가기로 했다.

키오스는 몇 년 전 큰 화재로 풍성하던 섬이 싹 다 타버렸다고 한다. 지금은 많이 회복된 상태라지만 그래서인지 이곳은 유난히 조용했다. 얼마나 조용한지 여느 섬에서처럼 쌩쌩 불어오는 바람소리가 오히려 친근할 정도였다.

키오스 섬에서의 라이딩은 2,3일 정도 관광을 위한 것이었다. 한마디로 어슬렁어슬렁 여유 좀 부려 볼까 생각했던 것이다. 그런데 나의 기대가 가소롭다는 듯 섬은 급격한 오르막과 내리막길 그리고 맞바람까지 선사했다. 한 치를 나아가기 위해 모든 에너지를 다 쥐어짜야 할 정도였다.

언덕에 오르고 보니 끄트머리에 벤치 하나가 놓여 있었다. 앞뒤 잴 것 없이 우리는 둘 다 벤치 위에 털썩 앉았다. 순간 스르륵 긴장이 풀리면서 세상에나, 이렇게 상쾌할 수가 없다.

벤치 뒤쪽으로는 길이 두 갈래로 갈라져 있었다. 길을 다시 밟기 전에 지도를 확인해 보니 한 쪽은 짧은 경로이고, 다른 한 쪽은 좀 멀기는 하지만 '검은 돌 해변'이 있어 꽤 멋지다고 했다. 좀 피곤하긴 했지만 나중에 후회하고 싶진 않아 해변 방향으로 페달을 밟았다.

그런데 언제부턴지 우리를 계속해서 뒤따르던 흰 개 한 마리가 여기까지 따라온 걸 발견했다. 가슴이 축 쳐진 것이 어미 개인 모양인데 새끼들은 어쩌고 적어도 7,8㎞는 떨어진 마을에서부터 우리를 따라왔을까. 마르고 지친 기색이 역력한 모습이 측은하지만 한편으로는 동지가 하나 생긴 것 같아 쫓아버리지 못하겠다. 사실 나는 처음 개를 한 마리 데리고 여행을 하고 싶었으나 국경을 넘을 때마다 절차가 복잡하다는 브뇨의 경고에 실행에 옮기지 못했다. 오늘 그런 기대를 조금 맛볼 수 있게 된 건가. 기대치 않은 반가운 길동무. 우선 흰둥이라고 이름을 지었다.

흰둥이는 세 시간 가까이를 우리와 함께 달렸다. 똑똑한 흰둥이는 한 번 짓지도 않고 자전거 옆을 조심스럽게 잘 달려줬다. 이 즐거움이 언제까지 갈지 모르지만 우선은 신이 났다. 그런데 내리막길이 나타났다. 적어도 시속 40㎞ 정도의 속도는 날 것 같은데 흰둥이가 과연 우리를 쫓아올 수 있을까. 그렇다고 자전거 위에 태울 수도 없는 노릇이고. 우리는 미리 안녕이라도 고하듯 슬푼 마음을 꾹 참고 브냐와 동시에 쏜살같이 달려 내려갔다. 내리막길을 내려와 마을 입구에서 혹시나 하는 마음으로 조심스럽게 뒤를 돌아봤다. 역시 흰둥이는 보이지 않았다.

"미영, 개가 우리를 못 따라왔나 봐. 그래도 오지 않을까? 조금만 기다려 볼까?"

불과 서너 시간 만에 정이 든 우리는 서운한 마음에 바다를 구경한다는 핑계로 10여 분을 서성댔다.

"우리가 너무 빨리 와서 다시 찾기 힘들 거야. 그리고 찾아온다 해도 우리가 어떻게 할 수가 없지……. 그만 가자."

그런데 순간 멀리서 흰둥이 녀석이 내리막길에서 우리 쪽으로 열심히 뛰어오고 있는 모습이 보였다.

"브냐! 말도 안 돼, 저길 봐!"

브냐는 벅차서 흰둥이를 향해 뛰고, 나는 눈물까지 핑 돌았다. 그리스의 방랑개가 우리 일행이 될 줄이야. 그래, 이렇게 된 이상 함께 있을 수 있을 때까지 같이 지내자!

우리 셋은 그렇게 엠포리오스 Emporios에서 가까운 검은 돌 해변으로 향했다. 바닷가 옆 언덕진 산책로를 넘자 마치 흑진주 같은 해변이 나타났다. 정갈하게 펼쳐진 검은 돌과 흰 파도는 그야말로 감동적인 장면을 연출했다.

방금 내려온 산책로 아래에 동굴 같은 곳이 눈에 띄었다. 바람과 파도도 막아 주고 사람 눈에도 안 띄는 것이 캠핑에 아주 제격이다.

"브냐, 여기에 텐트 치자!"

"거기 말고 난 여기가 더 좋은데……."

이른 아침 바다 위로 떠오르는 태양과 함께 눈을 뜨고 싶다며 브놔는 굳이 해변 위에 텐트를 치자고 했다. 불안하긴 하지만 낭만은 있겠다 싶었다. 그래, 여기까지 왔는데 하고 싶은 거 다 하시오, 남편! 나는 흔쾌히 브놔의 의견에 따랐다.

해변 위에 텐트를 치고 밥을 했다. 셋이 함께하는 식사. 달리느라 힘든 것도 있지만 밥맛이 정말 좋다. 그런데 통 조용히 식사를 할 수가 없다. 들이치는 바람과 파도의 세기가 보통이 아니다. 거친 파도를 닮은 브놔의 열정이 좋긴 하지만 오늘은 그의 판단력이 아닌 것 같다. 그렇다고 주위가 하나도 보이지 않는 깜깜한 밤에 텐트를 옮길 수는 없는 노릇. 결국엔 파도와 맞장 뜨는 자리에서 그대로 밤을 보내기로 했다.

흰둥이를 밖에 둔 채 우리만 쏙 텐트 속으로 들어오고 나니 미안한 마음이 들어 텐트 바로 옆에 깔개를 놓았다. 그래도 불편했던지 흰둥이는 텐트 주변에서 밤새 부스럭거리며 자리를 찾느라 분주했다. 파도는 어찌나 심한지 밤새 텐트에 거센 물보기까지 가했다. 텐트에 부딪치는 힘이 마치 태풍 같다. 포세이돈이 하루아침에 우리를 덮쳐버릴 것만 같아 밤새 잠을 제대로 잘 수 없었다. 아침이 되었지만 멋지게 떠오르는 바닷가 위의 해를 바라보기는 커녕 눈을 뜨기조차 힘겹다.

"한숨도 못 잤어, 브놔. 잘 잤어?"
"전혀!"

텐트 지퍼를 열고 밖으로 나오니 아침이면 잠잠해질 줄 알았던 바다는 여전

히 화가 가라앉지 않은 상태였다. 밤새 포세이돈과 씨름했을 흰둥이는 텐트 구석에서 몸을 웅크리고 앉았다 일어났다. 그래도 잘 버텨준 녀석이 기특하고 고맙기만 하다.

우선 텐트를 접는 게 급선무다. 그리고 바리바리 짐을 챙겨 자전거를 짊어진 채 언덕진 산책로를 건넜다. 얼마 높지도 않은 그곳을 넘으니 바람이 한결 약해져 완전 딴 세상이다. 검은 돌에 홀려 밤새 잠을 설친 우리 셋의 모양새는 참으로 볼 만했다. 다행히 야외 샤워시설 중 작동되는 곳이 있어 대충 세수만 하고 다시 떠날 채비를 했다.

장하게도 이런 컨디션으로 우리 셋은 10㎞ 이상을 쉼 없이 달렸다. 그러다 다시 내리막길이 나타났다. 그런데 이번엔 내리막길 중간에 사거리가 있었다. 긴 내리막길 끝에 서고 보니 흰둥이가 보이지 않았다. 한참을 기다렸지만 흰둥이는 끝내 오지 않았다. 마음이 서늘했다. 그래, 언젠가는 헤어져야 하는데 빨리 헤어지는 게 낫지. 우리는 그렇게 흰둥이를 놓아주었다. 시원스런 바람 한줄기가 흰둥이 자리를 대신 채워줬다.

그리스와의
비싼 안녕

AMENDE HONORABLE?

항구에 도착하고 보니 승선 시간까지는 겨우 10여 분밖에 남아 있지 않았다. 우리는 서둘러 여권을 내밀고 기다리는데 2분 만에 끝나야 할 여권심사가 생각보다 오래 걸린다.

"언제 유럽에 입국했어요? 체류할 수 있는 날짜가 많이 지났는데요? 쉥겐조약에 따르면 유럽 지역을 통틀어 90일 동안 있을 수 있는데 당신은 90일을 훨씬 넘게 있었어요."

이런 청천벽력 같은 일이 다 있나. 그리스는 한국과의 조약을 우선시해서 그리스 입국 날부터 관광비자 날짜를 셈한다고 확인했었다. 그런데 막상 떠난다고 하니 쉥겐조약을 우선시한단다.

수속국에서 실랑이를 하고 있자니 배는 이미 떠날 시간이다. 어떻게 해서 잡은 배편인데 이렇게 허무하게 보내다니! 처음 겪는 일이라 당황한 나머지 머릿속이 하얘졌지만 정확한 정보를 알아보기 위해 사방팔방 연락을 취했다. 우선 프랑스와 한국 두 나라의 대사관에 연락을 했다. 업무 시간이 지나서 걱정했는데 다행히 양쪽 모두 전화를 받았다.

특히 한국 대사관 직원은 퇴근 후임에도 불구하고 양국의 조약 내용이 담긴 서류를 재빠르게 팩스로 보내주고 수속국과 통화까지 해줬다. 자신들의 관할이 아니라고 다른 곳으로 일을 넘기던 프랑스 대사관과의 통화와는 아주 천지차이다. 한국 대사관의 도움을 받자 혼자가 아니란 생각이 들어 마음이 확 놓였다. 타지에서 받는 한국인의 도움은 정말 실질적인 결과 이상의 힘을 준다.

이미 벌어진 일 어쩌겠냐며 우리는 다음날까지 입국심사원들의 결정을 기다리기로 했다. 사실 다른 방법이 있던 것도 아니지만 말이다. 어떻게든 길을 계속 갈 수만 있다면 걱정이 없겠다 생각하며 밤새 잠도 설친 채 이른 아침 다시 수속국으로 향했다. 천만다행히 그들은 서류 한 장을 내밀며 우리가 터키행 배에 승선할 수 있게 길을 내주었다.

페리에 오르고 나서 시원스런 파도를 보며 멀어져가는 그리스 땅을 바라보자 어젯밤의 걱정은 언제 했느냐는 듯 가슴이 다 시원했다. 유럽 땅도 못 벗어나고 여행이 끝날까 조마조마했는데 말이다. 물론 내 손 안의 서류에는 재입국 시 1200 유로의 벌금을 동참하여야 한다고 적혀 있긴 했지만 말이다.

TURKEY

TURKEY

체스메 Çeşme
∨
이즈미르 İzmir
∨
셀추크 Selçuk
∨
아이딘 Aydın
∨
나질리 Nazilli
∨
데니즐리 Denizli
∨
파묵칼레 Pamukkale
∨
차우신 Çavuşin >> 괴레메 Göreme >> 트라브존 Trabzon

카피코이 Kapıköy
∧
반 Van
∧
타트반 Tatvan
∧
하산케이프 Hasankeyf
∧
미디얏 Midyat
∧
마르딘 Mardin
∧
디야르바키르 Diyarbakır
∧

2013년 3월 9일부터 4월 19일까지
41일간

목화보다 따뜻한 친구들
UN ACCEUIL CHALEUREUX

언젠가 한국에 있을 때 웹사이트를 뒤지다 포토샵으로 그려놓은 듯한 사진 한 장을 보고 한눈에 반한 적이 있다. 설마 이런 초현실적인 곳이 실제로 존재할까 싶어 뒤져보니 이미 꽤나 유명한 곳이었다. 바로 파묵칼레^{Pamukkale}. 조금 돌아갈지라도 들르지 않을 수 없다 싶어 터키 경로에 쏙 집어넣었던 그곳이 벌써 우리 앞에 그 모습을 드러내고 있었다. 오늘 당장이라도 달려가고 싶은데 웬걸, 3일 가량을 이상한 날씨에 푹 젖어서 달렸더니 몸이 만신창이가 되었다. 거기에 얼마 전까지만 해도 시원하던 날씨는 어제오늘 왜 이리 더운지. 습기까지 공기를 짓눌러서 앞도 잘 안 보이고 숨쉬기조차 힘겨웠다. 진땀이 뻘뻘 나고 페달을 밟는 것도 고역이다. 그렇게 가고 싶던 파묵칼레를 눈앞에 두고 지금 당장은 어딘가로 대피해 제대로 씻고 쉬고 싶을 뿐이다.

이때 카우치 서핑 회원들로부터 초대가 들어왔다. 덥석 물지 않을 수가 없다. 처음 카우치 서핑을 이용했을 때에는 미리 도착할 지역에 거주하는 회원들의 리스트를 훑어본 뒤 마음에 드는 사람을 찾아서 제안하는 이메일을 보냈었는데 이제는 방법을 바꿨다. 즉 작은 광고처럼 자기소개와 함께 도착할 도시, 날짜를 명시해서 사이트 창에 띄워 놓으면 이것을 본 해당 지역 회원들 중 시간이 되고 교류를 원하는 상대방이 우리를 먼저 초대를 할 수 있도록 말이다.

프로필만 보고 사람을 고른다는 것이 생각보다 쉽지 않은데 이젠 그럴 필요도 없고, 상대방이 초대를 제안한다는 것은 이미 그들이 우리 부부의 프로필을 파악했으며 시간과 공간이 허락된다는 것을 의미해 절차도 한 단계 줄어들어 훨씬 편리했다.

물론 지역에 따라 초대를 받는 수의 차이가 크다. 파묵칼레에서는 카우치 서핑을 하기 쉽지 않을 것 같았다. 워낙 유명한 관광지라 호텔도 많을 것이고 관광객이 너무 많아 카우치 서핑을 하는 사람도 찾기 힘들 것이라고 생각했기 때문이다. 하지만 의외로 두 명에게서나 연락이 왔다. 처음 가는 곳에서 이미 누군가가 우리를 기다리고 있다고 생각하니 든든해졌다.

첫 번째 카우치 서핑 친구를 만나기 위해 우린 파묵칼레 대학 앞에서 연락을 취했다. 온몸이 지쳤지만 그래도 새로운 만남은 언제나 가슴이 두근거린다. 5분이면 도착한다기에 이리저리 살펴보고 있는데 셔츠 단추들이 금방이라도 터져버릴 듯 배가 나온 아저씨가 우리 쪽으로 다가왔다.

"한국 사람인가요."

헉, 태극기도 안 달았는데 나의 몰골만 보고 한국 사람임을 알아맞히다니.
"내가 한국 관광객들 사이에선 유명해요! 둘 다 밥 안 먹었으면 한 끼 먹고 가요."
아저씨는 자전거 타고 여행하려면 많이 힘들 거라고 당신 식당에서 배를 채우고 가라 했다.
"저희가 친구를 기다리고 있어서 지금은 그렇고 나중에 찾아가도 될까요?"
"꼭 와요. 내가 한턱 낼 테니 걱정 말고. 여행하는데 얼마나 힘들겠어!"
정말 지쳐 보이는 우리를 보고 허기진 배를 채워주고 싶었던 아저씨. 그 마음만으로도 벌써 배가 불러오는 것만 같았다.

아저씨가 가자마자 아뎀이라는 서핑 친구가 자신의 여자 친구와 함께 약속 장소에 나타났다. 우린 아뎀 집으로 가서 마치 오래된 친구라도 되는 듯 편안히 쉬고 저녁에는 함께 아저씨네로 갔다. 마치 우리 동네 산책을 가듯이.
식당으로 들어가자마자 망설임 없이 필라프 ^{버터볶음밥 같은 간단한 식사}를 시켰다. 얼마나 배가 고팠는지 두 그릇씩 뚝딱 비웠다. 아저씨는 보이지 않았다. 서핑 친구들에게 고마운 마음을 표시하고 싶었는데 밥을 살 수 있게 되어 오히려 잘됐다 싶다. 든든한 배를 안고 계산대로 갔다.
"맛있었어요? 여행 잘해요. 이건 내가 살 거예요."
어디서 갑자기 아저씨가 나타났다. 친구들까지 데리고 왔으니 우리가 돈을 내겠다고 했지만 아저씨는 단호했다.
"난 내가 말한 약속은 지켜요. 당신들도 온다는 약속을 지켰으니까요."
작은 가게지만 마음은 풍만한 아저씨. 꽤 긴 시간을 달렸던 만큼 피곤과 허기가 심했는데, 뜻밖에 처음 만난 아저씨의 따뜻함으로 브놔와 나는 금세 회복되었다.

배를 채우고 나니 슬슬 졸렸다. 집으로 돌아오니 아까는 몰랐는데 친구 세 명이 집을 나눠 쓴단다. 그러면 브놔와 함께 보낼 만한 공간이 없다. 아뎀은 여자 친구와 함께 학교에 잘 곳이 있으니 괜찮다고 했다. 그래도 멀쩡한 방을 홀렁 이렇게 내줘버리면 멀리서 온 여자 친구는 어쩌는가!
"걱정 마. 아뎀과 난 원래 학교에서 자주 시간을 보내."
못 말리는 이 남자친구, 브놔 못지않다.
그리고 마음 넓은 여자 친구 쟈헨은 한국 드라마와 음악 팬이었다. 나로서는 처음 만나는 터키인 K-Pop 팬이라 오히려 한국 연예인보다 그녀가 더 신기했다. 다른 도시에 살면서도 그녀는 한국 사람이 놀러 온다는 소식에 당장 달려왔단다. 이것저것 드라마와 노래 제목을 비롯해서 연예인들의 이름까지 대는데 나보다 훨씬 많이 알고 있었다. 심지어 한국 문화를 알리기 위한 블로그도 운영하고 있다고 했다.
한국 음악을 듣다가 문득 아뎀이 물었다.
"터키커피 좋아해?"
"응, 나는 맛있어! 근데 브놔는 원래 커피 잘 안 마셔."
"그럼 우리가 내일 만들어 줄게."

다음날 아침 떠나기 전, 아뎀과 쟈헨이 부엌에서 굉장히 분주하게 움직였다. 도와줄까 싶어 들어가 보니 우리에게 터키식 커피를 대접하려고 준비 중이란다. 나도 나중에 혼자 끓여볼까 싶어 어떻게 하는 건지 물어보니 돌아오는 대답이 참 놀랍다.

"아직은 잘 모르겠어. 우리도 태어나서 처음 끓여보거든."

세상에! 이 순수하고 착한 영혼들은 어디에서 쑥 튀어나온 걸까. 터키 사람들이니 원래 터키커피를 마시는 줄 알았더니만 이방인에게 터키의 맛을 보여주고 싶어서 아침 일찍 커피를 사와서 그렇게 열심이었던 것이다.

얼마 후 다함께 둘러앉아 그들이 처음으로 손수 만든 터키커피를 마셨다. 살짝 타버린 커피가루가 입 속으로 들어오는데도 나에겐 그 한 잔이 향기롭고 맛있었다.

터키의 인디아나존스 스테판

STEPHAN, SUR LA ROUTE DEPUIS 25 ANS

터키에서 보낼 수 있는 시간이 얼마 남지 않았다. 선거기간과 겹쳐 어찌될지 모르는 국제정서를 피하려면 되도록 5월초 전에는 이란에 입국해야 한다. 우선은 시간을 좀 벌고자 카파도키아^{Cappadocia} 지역까지 버스를 타고 가기로 했다. 버스로 12시간. 그런데 자전거를 타고 다니느라 깜빡한 나의 촌사람 체질을 버스에 오르고 나서야 다시 떠올렸다. 차멀미. 결국 누렇게 뜬 얼굴을 하고 12시간을 밤 버스 안에서 보냈다. 정말 고역이 따로 없었다. 차라리 자전거를 탈걸!

카파도키아 지역에 도착하자마자 광야를 달렸다. 페달을 밟기 시작하니 울렁증도 어느새 시원한 바람에 훅 날아가 버렸다. 앞쪽에서 자전거를 탄 일행들이 달려오는데, 이 사람들 역시 얼마나 신이 났는지 입을 헤벌리고 파리라도 삼킬 듯 바보 같은 얼굴로 달리고 있었다. 물론 우린 그 바보 같은 모습이 다 이해된다!

운 좋게 오늘은 캠핑장소도 손쉽게 찾았다. 널찍하게 잘 정돈된 잔디밭에 자리를 잡고 나니 기분 참 좋다. 우연찮게 찾은 곳이라고는 믿을 수 없을 만큼 풍경도 환상적이다. 돌산에 둘러싸였고 전망도 툭 트여 카파도키아의 전형적 풍경이 그대로 내려다보인다. 나중에 알고 보니 우리가 머문 곳은 차우신 Çavuşin으로 꽤 알려진 명소였다. 자전거로 여행하기 참 잘했다.
밤에는 불빛 하나 없이 얼마나 조용한지 아주 깊은 잠을 잤다. 다음날 서서히 따뜻한 기운과 밝은 햇살이 텐트로 스며들기 시작하는데도 그 포근한 느낌이 좋아서 침낭을 푹 뒤집어쓰고 행복에 겨워했다.
그런데 갑자기 밖에서 시끌시끌한 소리와 거친 기계 소리가 들렸다. 점점 기계 소리는 커지고 영어로 떠드는 사람들의 목소리도 점점 더 커졌다. 이건 참을 수 있는 수준이 아니다. 브뇨도 나도 항의라도 할까 싶어 거칠게 텐트 지퍼를 열었다.
"우와!"
우린 화가 났던 것도 잊고 탄성을 내지르고 말았다. 열기구들이 하늘로 떠오르고 있었던 것이다. 기계 소리는 열기구에 바람을 넣는 소리였고, 열기구를 타는 사람들이 몰려와 시끌시끌했던 것이다. 난생 처음 보는 열기구들. 그것들이 점점 하늘로 올라갔다. 수십 개의 열기구들이 우리 머리 위로 떠다녔다. 때로는 낮게 떠다녀서 금방이라도 내 이마에 와서 부딪칠 것만 같다.

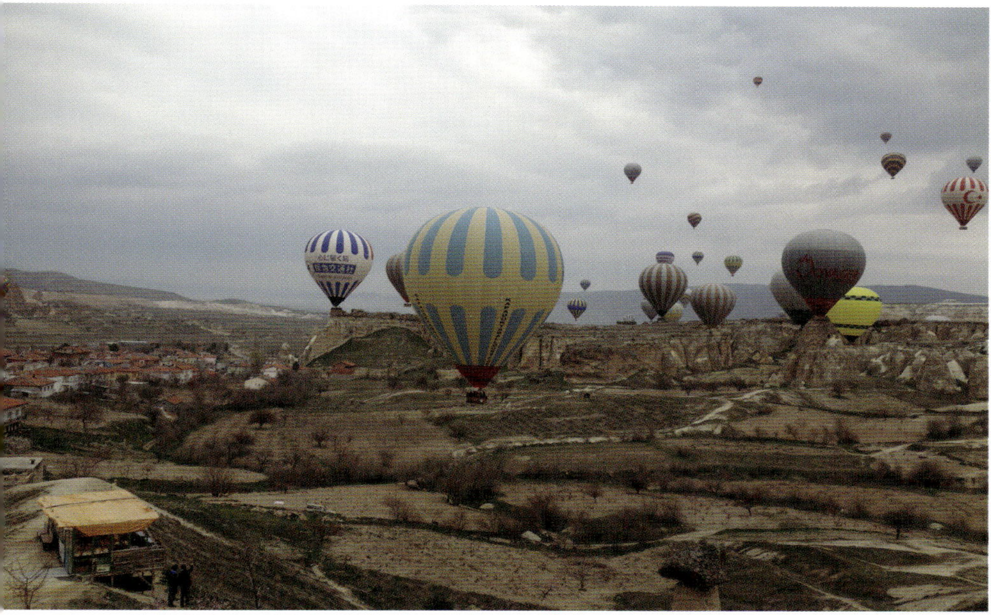

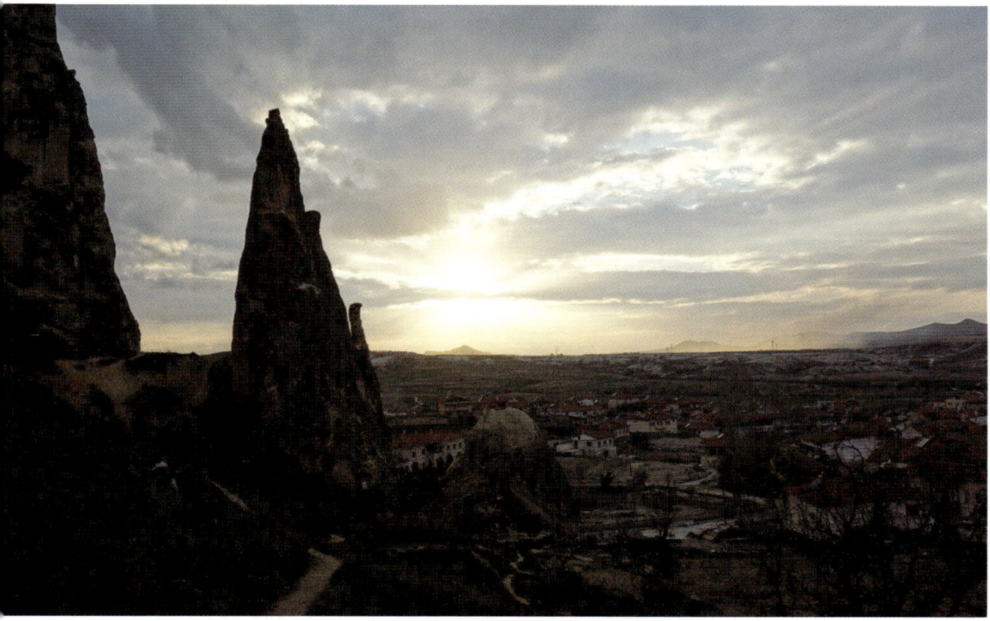

오랜만에 흥분한 나는 브놔를 이끌고 당장 텐트 앞 산등성이로 올랐다. 높진 않지만 멋진 형상을 한 바위산이 우리에게 더 좋은 풍경을 선사할 것이란 확신이 들었기 때문이다. 물론 그 결과는 기대 이상이었다. 다이나믹하게 솟아 오른 원시적인 돌산들과 옹기종기 집들이 모여 있는 작은 마을, 그리고 색색의 열기구 수십 개가 회색 하늘 여기저기를 명랑하게 만들었다. 게다가 그것들이 우리의 눈앞에서까지 왔다 갔다 했다. 워낙 거리가 가까워 열기구를 타고 있는 사람들과 인사까지 할 수 있을 정도였다.

한참을 넋이 나가 있다 보니 브놔가 시야에서 사라졌다. 그새 남편은 언덕을 넘어 우연히 만난 또 다른 여행자와 이야기꽃을 피우고 있었다. 어젯밤 스쳐 지나쳤던 배낭 여행자였다. 어제는 젊은 사람인 줄 알았는데 가까이에서 보니 나이가 좀 있어 보였다. 그리고 낡은 가방과 분위기가 하루 이틀 여행한 사람의 모습이 아니다.
"25년째 여행 중이에요. 중간에 사고가 있어서 잠깐 쉬긴 했지만요."
독일 출신의 고고학자 스테판은 자신의 연구를 증명할 수 있는 증거를 찾기 위해서 여행 중이라고 했다. 이른 새벽 우리를 만나 그는 2시간 넘게 이야기보따리를 펼쳤다. 물론 그 보따리에 보쌈이라도 당한 듯 브놔와 나는 시간 가는 줄 모르고 그의 이야기를 경청했다. 스테판의 경험담은 마치 영화 같았다.
"그런데 무슨 연구 자료를 찾으시는 거예요?"
"설명하기가 좀 어려운데, 일종의 통신수단 증거를 찾는 것이라고 할 수 있어요. 원시 시대에는 지구 끝에서 끝까지 갈 수도 없었을 텐데 똑같은 방식의 유물과 생활방식 등이 발견되고 있거든요. 난 분명 고대에 일종의 정신

적, 전기적 교류로 통신이 가능했다고 보고 있어요. 하지만 그걸 증명하려면 바위그림이 필요해요. 똑같은 방식으로 그려진 문양인데 이미 몇 개를 발견했지만 아직 부족해요."

세상에, 인디아나존스가 따로 없다!

"한국에도 갔었어요. 내가 찾고 있는 바위그림이 있다는 소식을 들었거든요. 그림을 확인하지는 못했지만 박물관을 방문하고 깜짝 놀랐었어요."

"네? 한국의 박물관이요?"

귀가 의심스럽다는 듯 나도 브뇨도 눈을 동그랗게 뜨고 다시 물었다. 둘 다 한국에서의 문화재 소실과 관련된 기사를 심심찮게 본 탓이었다.

"네, 정확히 기억해요. 세계의 많은 박물관을 봤어도 거기만큼 역사의 흐름에 따라 잘 정리한 곳은 못 봤거든요."

열성적인 고고학 교수님께 듣는 칭찬이라니, 내가 박물관을 정리한 것도 아닌데 괜히 어깨가 으쓱해졌다.

"작년에는 인도에서 소매치기들 칼에 맞아서 1년간 여행을 중단했었어요. 길에서 피를 흘리며 앉아 있는데도 아무도 도와주지 않더군요. 나의 나쁜 카르마^{기운}가 자기들에게 옮겨갈 거란 종교적 믿음 때문이었는데 나로서는 충격적이었어요. 거의 죽을 뻔했거든요. 심지어 병원에서도 나 몰라라 했으니."

칼에 찔리기까지 하다니. 내가 그런 일을 겪었다면 그날로 여행은 끝이었을 것이다.

"그런데도 여행을 계속하세요? 안 무서우세요?"

"전 운이 좋은 편이에요. 25년간 여행 중 큰 사고는 그때 딱 한 번뿐이었으니까요. 그리고 전 제 연구에 사명을 갖고 있어요. 이 연구를 증명하기 위해 태어난 거라고 항상 생각하거든요. 그러니 계속해야죠."
이런 확고한 신념을 갖고 살아가는 사람이 세상에 몇이나 될까. 대단하다. 그리고 너무나 부럽다.
어느새 저 멀리서 뜨겁게 타오르던 열기구들이 땅에 내리는 모습들이 보인다. 함께 점심식사라도 하자고 하니 갈 길이 바쁘단다. 그렇다면 보내드려야지. 스테판은 거대한 배낭을 짊어지고 산등성이를 넘어갔다. 유난히 바싹 마른 그의 뒷모습을 보며 몸이 스테판의 열성을 못 견디고 타버렸기 때문이 아닐까란 생각이 들었다.

소풍
LE PIQUE-NIQUE

자전거를 두고 도시를 둘러보기 위해 브놔와 손을 맞잡고 나왔다. 그런데 평소와 달리 심신이 회복이 안 된다. 작열하는 디야르바키르(Diyarbakır)의 태양 때문인지 무거운 공기 때문인지 더위를 먹은 것처럼 어질했다. 얼마 걷지도 못하고 우린 근처 공원으로 갔다.

공원에 자리를 깔고 앉으니 여기저기서 소풍을 즐기는 사람들이 가득하다. 이란과 가까워지고 있어서일까, 유난히 많은 여성들이 히잡을 두르고 있다. 같은 터키라도 그리스와 가까운 서부에서는 히잡을 보기 힘들었는데 동남부 쪽으로 오니 차이가 크다. 물론 쿠르드족이 사는 지역이라서 그런 것이겠지만 일상생활 모습을 비롯해서 언어까지 차이가 나니 국경을 넘은 것과 다를 바가 없다.

브놔와 나는 풀밭에서 한참을 누워 있었다. 가까운 곳에서 한 아주머니가 코바느질을 하며 아이들과 시간을 보내고 있었는데 코바느질 솜씨가 보통이 아니다. 내가 너무 뚫어져라 쳐다봤는지 아주머니와 함께 있던 여자아이가 우리에게 다가와 말을 걸면서 홍차가 가득 든 주전자를 들이밀었다.
이렇게 반가울 수가! 지쳤을 때는 더운 날씨에도 차를 마시면 온몸이 에너지로 가득 찬다. 나는 홍차도 그렇지만 아주머니의 코바느질하는 모습을 가까이서 볼 수 있는 기회다 싶어 브놔와 눈짓으로 덥석 합석을 했다. 대가족이 다함께 소풍을 나온 줄 알았는데 이웃끼리 함께 나왔단다. 코바느질을 하던 아주머니는 열넷, 열아홉 살짜리 딸 둘과 함께, 차를 따라주는 아주머니는 네 살배기 쌍둥이 아들 둘을 데리고 있었다.
"어디에서 왔어요? 이름이 뭐예요?"
호기심 넘치는 열네 살짜리 소녀는 눈을 반짝거리면서 질문을 쏟아 붓는다. 알고 있는 영어단어들을 총 집합시켜서 한참 말을 하는데 덧니를 드러내며 활짝 웃는 장난끼 넘치는 표정에서 모험심이 넘친다. 같이 대화를 할 수 있었으면 훨씬 재밌을 텐데 말이 제대로 안 통한다는 것이 이렇게 안타까울 때가 없다. 뒤늦게 카우치 서핑 친구 페랏이 합류해 옆에서 통역을 해줘 그래도 조금이나마 대화가 가능했다.

"저희 여기 가까이 살아요. 집에 가요! 구경시켜 줄게요!"
좀 있으니 요 귀여운 여자아이가 자기네 집으로 가잔다. 이미 음식을 나눠줘 배가 터질 것 같은데 또 뭔가 대접하고 싶다니. 미안한 마음에 사양을 했는데 페랏이 예의가 아니라고 했다. 쿠르드인들은 좋으면 단박에 받고 예의상

거절이란 개념이 없단다. 여자아이는 초롱초롱한 눈망울로 나를 바라보고 서 있다.
"그럼, 커피 한 잔?"
내 말이 떨어지기 무섭게 아주머니들은 놀라운 속도로 돗자리와 음식을 정리하고, 두 딸은 손님맞이 준비를 한다고 잽싸게 집으로 뛰어갔다. 이렇게 우리가 가는 걸 반가워할 줄 알았으면 바로 승낙하는 건데, 후회할 정도였다. 아파트에 도착해서 문을 여니 두 딸은 재빠르게 집 정리를 하느라 힘들었는지 땀을 뻘뻘 흘리고 섰다. 그런데도 신이 나서 얼굴은 활짝 피어 있다.

잠시 후 아주머니가 커피와 함께 코바느질한 스카프를 선물이라며 내놓았다. 그러자 옆집에 산다는 아주머니도 뛰어가서 스카프 하나를 갖고 와 내밀었다. 비싸고 좋은 것은 아니라며 무조건 가져가라는데 안 받았다가는 오히려 예의에 어긋날 정도였다. 고맙다며 연신 머리를 주억거리며 스카프를 머리에 둘러매자 모두들 박수를 치며 좋아했다.
심지어 아주머니들은 자기네 집에서 며칠 묵어가라고까지 했다. 순간 이곳에서 지내고 싶은 마음이 굴뚝같아졌다. 몇 시간 만에 이렇게 내 집 같아질 수도 있는 건가. 편안하고 너무 좋다. 어릴 때 살던 시골 같은 느낌이 들었다.
그러나 이미 우리에겐 페랏과의 선약이 있었다. 아쉬움을 뒤로 하고 페랏을 따라 거리로 나왔다. 그의 가이드로 어둠에 싸인 디야르바키르의 옛 도시와 오래된 성벽 위를 걸었다. 이젠 카페와 상점으로 변모했지만 아직도 그 형태를 유지하고 있는 옛 카라반세라이로 들어가니 역시나 낙타 대신 자전거로 여행하는 20세기의 실크로드 상인이 된 기분이 들었다.

거리구경을 하고 늦은 밤 페랏의 집으로 돌아오니 기대치 않은 작은 콘서트가 우릴 기다리고 있었다. 음악공부를 한다는 페랏의 사촌동생이 사즈^{Saz}와 함께 노래를 불러준다는 것이다. 말도 안 되게 멋진 이 청년은 능글맞은 성격에 매일같이 콧수염을 정돈하는 멋스러운 남자였는데 당당하게 스스로를 쿠르드의 카사노바라고 말했다. 그만큼 이곳 여자들에게 꽤나 인기가 많은 모양이었다. 한밤에 기타를 연주하며 맑은 목소리로 노래하는 모습을 보니 매력이 철철 넘친다. 나도 모르게 그가 만들어낸 소리와 분위기 속으로 빠져들었다. 브놔가 옆에 없었더라면 나도 이 친구에게 빠져들었을지도 모르겠다. 당신의 매력 인정!

쿠르트의 아이들과 개
DES ENFANTS ET DES CHIENS

페랏의 안내로 오늘은 디야르바키르 고도시의 작은 교회에 들어가 보기로 했다. 걷기 싫어하는 브놔까지 대동해서 나름 힘든 걸음을 했는데 도착해서 보니 교회 철문이 굳게 잠겨 있다. 문 앞을 둘러보는데 동네 아이들이 도와준답시고 우르르 몰려와서는 철문을 두드리고, 소리를 지르고, 문 위로 올라가고 난리법석이다. 도와주려는 마음은 기특하지만 저러다 다치기라도 하는 건 아닌가 싶어 그만들 내려오라는데 말이 통해야 말이지. 한 녀석은 옆에 와서 뭐라 쫑알거리는데 옆쪽을 손가락질하는 모습이 다른 입구가 있다고 하는 것 같다.

그런데 갑자기 브놔가 화난 표정으로 말했다.

"무슨 일이야? 왜 그래?"

"이 아이들이 내 주머니에서 휴대폰을 훔치려고 했어!"

브놔가 크게 소리친 것도 아니고 해서 좀처럼 실감이 나지 않았는데 생각해 보니 아이들은 계속 우리 옆에 붙어 다니며 "머니! 머니!"를 외쳤다. 심지어 졸졸 따라오면서 아무렇지도 않게 내 주머니 속으로 손을 집어넣기도 했다. 열 살도 채 되지 않은 조그만 아이들의 행동치고는 너무나 대범했다. 주말도 아닌데 학교에 가지 않고 길에서 돌아다니는 아이들의 모습이 측은하면서도 화가 났다. 특히 그렇게 아이들을 방치하고 교육시키는 어른들에게 화가 났다.

여행자로서 아이들을 혼내기란 쉽지 않다. 하지만 브놔는 안되겠다 싶었는지 몇 녀석을 붙잡고 단호한 눈빛으로 경고를 했다. 그런데 놀랍게도 아이들은 아랑곳하지도 않고 오히려 실실거리며 계속해서 우리의 주머니를 뒤적였다. 굉장히 충격적이었다. 이 아이들에겐 잘못과 반성에 대한 개념이 아예 존재하지 않는 것 같다. 도대체 어디서부터 잘못된 것일까.

이곳에서 얻은 충격은 사실 디야르바키르를 떠나는 날까지 계속됐다. 도시를 빠져나가기 위해 페달을 밟고 있는데 귀 옆으로 뭔가 날아왔다. 깜짝 놀라서 돌아보니 열서너 살 즈음으로 보이는 남자아이 댓 명이 자전거를 따라오면서 돌과 나뭇가지를 우리를 향해 던지고 있었다. 섬뜩했다. 저걸 맞았으면 어쩌나. 터키의 끝자락에서 이게 무슨 일인가 싶었다.

그런데 터키 땅 아니 쿠르드 지역에서의 마지막 날, 예상치 않은 또 하나의 위험요소가 나타났다. 양치기 개들이었다. 다행히 멀지 않은 곳에 양치기가 있었지만, 우리를 빙 둘러싸고 짖어대면서 금세라도 물어뜯을 듯 짖어대는데 이러다 죽겠다 싶었다. 나는 지금껏 개와 고양이와 같은 동물을 무서워해

본 적이 없었던 농부의 딸이다. 그런데 처음으로 개 때문에 길을 지나가지 못하고 있다. 심지어 개들의 몸과 얼굴에는 알 수 없는 상처자국이 가득하다. 굶주린 늑대를 만나면 그들이 딱 이들과 같지 않을까 싶다.

얼마 전 만났던 영국에서 온 자전거여행자들도 우리와 같은 상황에 처했었는데 다행히 내리막길이어서 미친 듯 페달을 밟아 위기를 모면했다고 했다. 하지만 우리는 내리막길도 아니고 개들이 달리는 속도 이상으로 페달을 밟을 자신도 없었다. 개도 한두 마리가 아니고. 광견병 예방주사도 안 맞았는데 어찌해야 하나. 그런데 더 기가 막힌 것은 양치기 아저씨는 뻔히 우리 상황을 보고 있으면서도 달려와 개들을 물리치지 않는다는 것이었다.
그때 브놔가 바닥에서 돌 몇 개를 천천히 집어 들어 개들을 향해 던졌다. 그러자 다행히 개들이 조금씩 주춤거렸고 그 순간 차 한 대가 지나다 우리 가까이 와서 녀석들을 물리쳐줬다. 그리고 브놔와 내가 지나갈 때까지 기다려주었다. 그가 나타나지 않았더라면!
그 후에도 터키와 이란 국경 지역에서 여러 번 우리는 개와 아이들의 공격에 시달렸다. 아이들을 향한 대처방법은 딱히 없었다. 브놔는 회초리 같은 것을 자전거 뒤에 갖고 다녔지만 별 쓸모가 없었다. 다행히 개들은 돌멩이를 주워 던지는 척하면 물러서는 척이라도 했다. 그런데 국경을 넘어 이란으로 들어서니 그곳의 아이들과 개는 전혀 다른 분위기였다. 아이들은 얌전했고, 개들은 우리를 알아서 피했다. 국경을 넘었다고 해도 겨우 산 하나 넘은 것뿐인데. 이렇게 다른 것이 세상에 가득하니 여행을 계속하지 않을 수 없다.

시리아의 마리아

MARIA DE SYRIE

미디얏^{Midyadt}. 마르딘^{Mêrdîn}에서 출발할 때는 마치 옆 동네인 것처럼 말해 그렇게 가까운 줄 알았다. 그러나 실제로는 동쪽으로 60㎞ 떨어진, 우리 속도로는 하루 종일 달려야 하는 곳이다. 다행히 출발 직후 10㎞ 정도는 내리막길이라 페달질도 없이 시원스럽게 자전거에 몸을 내맡기고 달렸다. 그러나 이후에는 자전거를 탈 수 없는 한계 각도의 오르막길이 계속해서 나타났다. 우리는 자전거를 떠밀면서 언덕을 올라가야 했다. 우리를 태우고 잘 달려주던 자전거가 이렇게 짐짝으로 변모할 때 가장 힘들다.

그러나 인생처럼 그렇게 오르막길이 있으면 내리막길이 나타나게 마련이다. 다시 나타난 긴 내리막길에서는 마치 청룡열차라도 타는 듯 신나게 달렸다. 그리고 어느새 늦은 오후, 생각보다 일찍 미디얏 가까이 도착을 했다. 시내로 들어가면 호텔을 잡아야 하므로 우리는 야외 캠핑을 준비했다. 미디얏을 멀리 바라보면서 이른 저녁을 해먹고 우린 저녁 8시도 되기 전 잠자리에 들었다.

이튿날, 푹 자서 가벼운 몸으로 우리는 미디얏 옛 도시 산책에 나섰다. 관광지도도 한 장 없어 조금 막막했지만 무작정 자전거를 끌고 걸어보기로 했다. 여기저기 두리번거리는데 한 남자가 프랑스어로 말을 걸어왔다.
"프랑스에서 왔어요? 불어를 쓰네요. 반가워요."
하도 쉽게 말을 걸어 마치 브놔가 전부터 알고 지낸 사람인 줄 알 정도였다. 그는 터키가 좋아서 혼자 여행 온 벨기에 사람 조르단이었다.
"기독교와 관련된 유적이 많이 있어서 순례차 왔어요. 아내와 같이 오고 싶었는데 터키 남부 지역이라고 하니 무서워서 집에 있겠다고 하더군요."
유난히 붙임성이 좋기도 하고 터키에 대해서 많은 것을 알고 있어서 그는 어느새 우리의 가이드가 되어 버렸다.
새로운 동행과 함께 걷자니 역시나 보이는 것이 더 많아진다. 또 하나의 다른 시선과 생각을 접한다는 건 언제나 즐거운 일이다. 기독교의 또 다른 줄기라고 할 수 있는 시리아정교회 교회도 들어가 보고, 예쁜 장식과 함께 지어진 집들도 구경했다. 겉핥기로 보는 우리와 달리 그는 집 문이 열린 곳 여기저기를 불쑥 들어가곤 했다. 그의 거침없는 행동에 좀 당황하긴 했지만 그래도 예의 바르게 집주인에게 허락을 구하고 구경해서 그런지 집주인들도 기분 나쁜 내색은 하지 않았다.

꽤나 크고 멋진 집이 나타나자 조르단은 역시나 불쑥 들어갔다. 어느새 브뇨도 따라 들어갔다. 익숙하지 않은 나는 그들이 주인 허락을 받아오길 기다리고 있는데 잠시 후 예쁜 소녀 한 명이 그들과 함께 나왔다.
"누구야?"
"몰라. 자기를 그냥 따라오라던데?"
말은 하지 않았지만 눈빛과 표정이 매우 깊은 소녀였다. 우리는 마치 무언가에 홀린 듯 소녀를 따라갔다.
소녀는 창고처럼 어두운 건물 안으로 들어가 계단을 꽤 타고 올라가 문을 열었다. 순간 눈부신 햇살이 쏟아졌다. 그러자 소녀가 큰소리로 말했다.
"엄마 아빠, 나와 봐요. 손님들 모시고 왔어요!"
마치 한국의 옥탑방 같은 곳에서 사람이 나왔다. 소녀의 부모와 여동생 그리고 언니 들이었다.
"우리 마리아가 손님들을 모셔왔네요. 반가워요. 환영해요!"
소녀의 이름은 마리아였다. 마리아의 아버지는 영어를 할 줄 알았다.
"반가워요. 저희는 이곳에 살지만 이사 온 지 일주일밖에 되지 않아 자세히 알지는 못해요. 원래 시리아에서 살았거든요."
시리아는 전쟁 중이라 여행금지 지역이다. 마리아의 어머니가 따끈한 홍차를 과자와 함께 내왔다.
"학교도 그렇고 일도 그렇고, 정상운영을 하는 곳이 별로 없어요. 우리 마리아는 대학생인데 학교가 문을 닫은 지 오래돼 언제 다시 시작할 수 있을지 알 수 없는 상태예요. 전쟁 중에 딸만 셋이다 보니 신변이 너무 걱정되어 얼마 전에 이민을 왔어요. 나라가 정말 엉망이에요."

어린 소녀가 실은 대학생이었다. 그런데 우리보다 훨씬 철이 들어 보인다. 그녀가 말했다.

"의학을 공부하던 중이었어요. 아직 끝내지 못했지만 꼭 다시 시작할 거예요. 일단 이곳에서 지내다 여건이 되는 대로 다른 나라로 다시 이민을 갈 거예요. 가서 공부도 하고 일도 해야죠."

이들의 표정은 그러나 지극히 평화롭다. 전쟁을 피해 낯선 땅으로 온 사람들이 어떻게 이렇듯 평화로울 수 있을까. 만일 그들의 말을 듣지 않았다면 정말 상상도 하지 못할 일이다. 이들에 비해 나는 어떤가.

따뜻한 햇살 아래에서 홍차를 마시며 한참 이야기를 듣다 보니 좀처럼 자리를 뜨기가 쉽지 않았다. 그래도 일어나 떠나야 하는 것. 다같이 기념사진 한 장 찍고, 홍차잔도 비우고 옥상에서 내려왔다. 그들의 평화로운 얼굴이 내내 마음에서 지워지지 않았다. 따뜻했다.

TURKEY

IRAN

Iran

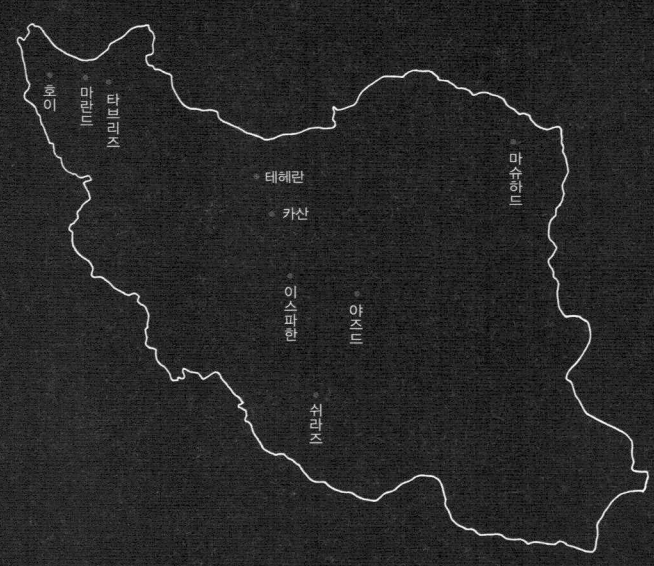

호이 Khoy
∨∨
마란드 Marand
∨
타브리즈 Tabriz
∨∨
테헤란 Teheran
∨
카샨 Kashan   >>

마슈하드 Mashhad
∧
쉬라즈 Shiraz
∧
야즈드 Yazd
∧
이스파한 Isfahan
∧
니아사르 Neyasar

2013년 4월 20일에서 5월 30일까지
40일간

이란은 이런 나라

IRAN, LE PAYS AU BON FOND

우리 둘은 카피코이라는 터키의 국경도시를 지나서 이란으로 들어섰다. 이란으로 건너가는 국경에서의 절차는 간편했다. 검문소 앞에는 자동차들이 줄지어 서 있었지만 자전거로 여행을 하는 경우엔 많이 기다리지 않아도 되기 때문이다.

국경 검문소를 빠져나오면서 나는 히잡을 둘러썼다. 그런데 짝 달라붙은 자전거용 바지는 아무래도 불량해 보이는지 사람들이 계속 힐끔거렸다. 여행자를 향한 호기심 어린 시선만은 아니었다.

우선 수중에 이란 돈이 없었으므로 터키 리라를 이란 리알로 바꾸기로 했다. 국경 사무소 앞에는 환전을 해주는 사람이 있었다. 브놔가 미리 알아본 바에 의하면 은행이 오히려 4배는 더 비싸게 환전을 해주므로 개인 거래소에서 환

이란의 실질적 권력자라 할 수 있는 최고 지도자 하메네이 사진.

전을 해야 한단다. 은행이 더 비싸게 받다니, 이해가 안 되는 일이다.
아무튼 우리는 1터키 리라를 1만9천300 이란 리알로 환전했다. 우리가 환전한 돈은 한국 돈으로 약 5만 원 정도. 그런데 돈을 받고 보니 지폐 양이 엄청나다. 0도 너무 많이 붙어 있다. 심지어 이곳에서는 리알이란 공식적 화폐 단위 말고 토만이라는 또 다른 단위가 통용된단다. 내 머릿속은 어느새 뒤죽박죽되고 말았다. 다행히 칼날 같은 판단력을 가진 이과생, 간고등어 만큼 짜디짠 남편이 열심히 옆에서 돈을 세고 있다. 다행이다!
여권에 도장을 찍고, 스카프도 두르고, 환전도 하고. 만반의 절차를 끝낸 우리는 안장에 올라 이란 땅을 달리기 시작했다. 국경이 도시가 아니다 보니 바로 온통 자연풍경이다. 터키의 나무 한 점 없이 펼쳐진 광야와 달리 이란의 산에는 나무가 빽빽하고, 계곡에서는 물이 철철 흐르는 것이 프랑스 산맥 지대와 닮았다. 바로 옆 터키와 다를 것이 있겠나 싶었는데 예상치 못한 풍경에 마치 이제 막 새로이 여행을 떠난 것처럼 신선했다.

어느새 배가 고파왔다. 도로 옆에서 일하는 청년을 발견하고 달려가 우리는 배고프다는 제스처를 취했다. 식당이나 가게가 가까운 곳에 있는지 알려 달라며 손짓발짓을 했는데 용케 알아들었던지 일어나 따라오라고 했다.
그런데 이 청년이 안내한 곳은 식당이 아니라 외딴집이었다. 문 앞에 멀뚱히 서 있자니 한 아주머니가 나와 창고 같은 곳으로 데리고 갔다. 그 안에는 먼지가 수북이 쌓인 과자 몇 개와 음료수가 있었다. 이걸 판다는 건지, 그냥 먹으라는 것인지 가늠하기 힘들었다. 그래도 배가 고픈 우리는 일단 과자와 음료를 집어 들었다.

계산을 하려고 섰는데 그새 안쪽에 있는 집에 들어갔다 나온 아주머니가 빵과 치즈를 갖고 나와 싸줬다. 우리가 구입한 것보다 훨씬 많은 양이다. 이걸 받아도 되나 싶어 우리가 망설이자 불쑥 집안으로 들어가 얼른 들어오란다. 우물쭈물 거리는 동안 일이 커졌다.

조심스럽게 신발을 벗고 들어갔다. 입구를 중심으로 오른편과 왼편에 각각 방이 하나씩 있는데 방바닥 가득 깔려 있는 카펫이 이란에 온 것을 실감나게 했다. 오른편에 있던 방으로 들어간 우리는 주변을 두리번거리며 배가 고파 과자조각을 집어먹었다. 잠시 후 아주머니가 달걀 프라이에 치즈, 홍차까지 한 쟁반 가득히 내왔다. 마음이 뜨끈해지는 순간이다.

그런데 이상하게 우리를 방안에 내버려두고 아주머니와 청년은 문 옆에 앉아 있었다. 이란은 원래 이런 건가? 어떻게 해야 하지? 우선은 주는 대로 묵묵히 받아먹으며 브놔와 상의를 했다. 둘만 방 안에 있는 모양새가 영 불편했다. 어느 정도 허기가 가시자 홍차를 들고 밖으로 나갔다.

"감사합니다. 너무 잘 먹었어요."

혹시나 했지만 역시나 언어는 한 마디도 통하지 않는다.

이제부턴 그림 솜씨를 빛낼 시간이다. 나는 우리의 여정과 금방 터키 국경을 넘어왔다는 것, 오늘은 이란의 다음 도시까지 갈 예정이란 것을 그림으로 열심히 설명했다. 그러고 있다 보니 아이들을 비롯해 동네 사람들이 하나둘 모여들기 시작했다. 사람들이 점점 많아지자 아주머니는 난로에 기름을 붓고 불을 지폈다.

따뜻한 집안에서 사람들에 둘러싸여 그림과 손짓, 발짓으로 이야기꽃을 피우다 기념사진을 찍으려고 하자 아이들은 순간 얼어붙었다. 작은 카메라 렌

즈를 들여다보며 셔터를 누를 때까지 숨도 쉬지 않는다. 그 모습이 너무 귀여워 사진을 많이 찍어 보여주자 아이들의 표정이 점점 풀어졌다.

영어책까지 갖고 와서 대화를 해보려는 이 집 딸의 발목에 묶인 나를 브놔가 쿡쿡 찔렀다. 어느새 훌쩍 세 시간이 지났다.

"어디까지 가요?"

"호이^{Khoy}요"

"그럼 자고 가요. 호이 멀어요. 여기서 자고 내일 가요."

아주머니는 자는 시늉을 하며 내일 출발하란다. 아무리 봐도 우리 같은 손님을 먹이고 재울 형편이 아닌데.

"아니에요. 우린 금방 이란에 들어온 거라 더 달릴 수 있어요. 괜찮아요. 걱정 마세요. 고마워요."

받은 것이 너무 많아 과자 값만이라도 지불하려고 돈을 꺼내자 아주머니는 정색을 하며 사양했다.

이란에 도착한 첫 날이니 좀 많이 달릴 것이라고 예상했는데 이미 너무 늦어 버렸다. 심지어 산길이 생각보다 심하게 구불구불하고, 포장되지 않은 진흙밭이어서 자전거를 타고 가기가 쉽지가 않다. 그런데다 빗방울이 떨어진다 싶더니만 이내 찬 공기 때문에 우박까지 내렸다. 쏟아지는 얼음 세례를 피하느라 동굴로 잠시 피하기도 했지만 가만히 있으려니 한기가 몰려와 차라리 달리는 게 낫다 싶어 다시 자전거 페달을 밟았다. 다행히 산길이 끝날 즈음 포장도로가 나타나 우린 신이 나서 환호성을 내지르며 페달을 밟았다.
어느새 호이 입구에 이르렀다. 순간적으로 숙소를 찾을 수 있겠다는 생각에 긴장이 풀렸는지 온몸의 피곤이 한꺼번에 몰려왔다. 앞서가던 브뉘는 또 언제 도로 위에서 친구를 만들었는지 바이커 한 명과 달리며 대화중이다. 그런데 잠깐이겠거니 했던 둘의 대화가 생각보다 길어진다. 그러더니 사거리가 나타나자 자전거를 세우고 나를 기다리고 섰다.
"미영, 이 사람이 자기 집에서 자고 가래."
"뭐? 금방 만난 사람 아니야?"
"응, 나도 잘 모르겠는데 자기 집 가깝다고 자고 내일 가래. 근데 날도 어두워지고 하니까 나도 그게 더 좋을 거 같아."
"그래!"
그동안 겁이 없어진 것인지, 아님 심하게 지친 탓인지, 아님 방금 막 만난 바이커가 잘생겨서인지 모르겠지만 일단 오케이를 던졌다.
이란에 입국한 지 몇 시간도 채 안 됐는데 벌써 우리에겐 친구 여럿이 생겼다. 게다가 그들은 자신들의 집으로 거리낌없이 우리를 초대했다. 꿈에만 그리던 길거리 캐스팅을 받았다고 브놔는 헤벌쭉 웃는다.

오토바이의 에스코트를 받으며 시내의 복잡한 도로를 지나 젊은 바이커의 집에 도착했다. 대문을 열고 들어가니 마당과 3층 주택이 보인다. 이게 다 자기 집이라고 잘생긴 젊은이가 자랑한다.
'아직 어린데? 우리가 잘못 알아들은 건가?'
집안으로 들어서니 벽 하나 없이 널따란 건물에 통째로 카펫이 깔려 있고 그 위에 많은 사람들이 옹기종기 모여 앉아 있다. 대부분 여자였다. 모두들 일어서서 소개를 하는데 어머니, 누나, 여동생 등등 전부 다 직계 가족이란다. 자기 집이라고 했던 말이 틀린 것은 아니었다. 대단위의 가족이 모두 함께 살고 있는 것이니 말이다. 3개 층 각 층은 각각 형제의 가족과 어머니가 거주하고, 건물 제일 아래층 즉 우리가 서 있는 곳에서는 모든 가족들이 모여 밥도 먹고, 이야기도 나누고, 영화도 보며 시간을 보낸다.
카펫에 자리를 잡고 앉자 어머니께서 큼직한 손으로 식사를 준비했다. 한 부대는 거뜬히 먹일 수 있을 만한 크기의 솥에 음식을 하는데 이 어머니의 손을 지켜보는 것만으로도 힘이 전해졌다.
저녁이 되자 집안의 남자라 할 수 있는 아들이 들어왔다. 남자라고는 브놔까지 합쳐서 셋뿐이다. 모두 자리를 잡자 음식이 앞에 놓였는데 그 양을 결정하는 건 물론 어머니가 주는 대로다. 내 접시에는 이란 식의 감자 스파게티가 수북이 쌓였는데 정말 엄청난 양이다. 도저히 먹을 수 없을 정도의 양이었지만 어머니의 손맛이 담긴 음식이라 생각하니 배뿐만 아니라 마음까지

든든해지는 느낌이 들어 다 비웠다. 이런 걸 두고 영혼이 담긴 음식이라고 할까.

노곤한 몸을 이끌고 2층에서 하룻밤만 묵어가기로 했다. 그런데 이란 친구들의 도움으로 휴대폰 심 카드를 구입하고, 장도 보고 이것저것 준비를 하다 정신을 차리고 보니 어느새 후딱 3일이 지나고 말았다.

그간 우리는 매일 몸무게가 늘어나는 느낌이었는데 그건 당연지사 거실에 앉아 하루 종일 음식을 하고 먹이는 어머니의 영향이었다. 내가 먹는 양이 적다며 계속 접시에 음식을 덜어주는 어머니와 가족들.

"미미, 먹어!"

외우기 쉬우라고 첫 만남에서 내 이름을 프랑스 가족들이 부르는 미미로 알려줬더니 십여 명의 가족이 돌아가며 미미를 부르며 먹으란 소리만 수십 번을 외쳤다. 내 생애 이처럼 많은 사람들이 내게 먹으라고 권하는 말을, 음식을 건네주는 손길을 받아본 적이 있었던가.

"비자 기간이 얼마야?"

"한 달. 이란이 커서 자전거로만 다 돌아보지 못할 것 같아."

"그냥 한 달 내내 여기 있어. 나에게 영어도 가르쳐주고. 밥은 충분히 많으니까."

출산을 얼마 남겨놓지 않은 바이커의 아내는 아예 우리더러 한 달을 여기 머물란다. 떠날 때는 우리보다 그들의 눈빛이 더 슬퍼 보일 정도였다. 어머니는 마지막까지 춥다며 자신의 두터운 스카프를 들고 나와 내 머리에 둘러주고서 사탕 봉투를 챙겨주었다.

우박

LA GRÊLE

호이^{Khoy}에서 타브리즈^{Tabriz}까지는 150㎞ 정도여서 우리는 3일간 완주하기로 하고 달렸다. 평탄한 대지와 너른 길, 시원스럽게 솟아오른 눈 덮인 산. 거기에 음악까지 들으며 달리니 세상을 다 얻은 기분이 들었다. 이 긴 길 내내 주유소 하나 보이지 않아 마치 사막 한가운데에 떨어진 것이 아닌가 싶을 정도였다.

한껏 우리 기분에 취해 달리는데 비와 우박이 쏟아졌다. 좀 내리다 말겠지 했는데 많은 양의 얼음 덩어리들이 쉴 새 없이 내리꽂혔다. 우박이 허벅지로 떨어질 때는 마치 두들겨 맞은 것처럼 아팠다. 나도 모르게 괴성을 지르며 페달을 밟았다. 그럼에도 땅으로 떨어지는 우박소리가 워낙 커서 나의 고함소리쯤은 이내 묻히고 말았다. 드디어 우박을 피할 만한 집이 나타났다.

"안녕하세요!"

집안에서 우리를 발견한 사람들이 얼굴을 내밀고 어서 오라며 손짓했다. 마치 우리가 지나갈 것을 미리 알고 기다리기라도 한 듯 할머니 할아버지, 그리고 한 청년이 우리를 반겼다.

홀딱 젖은 우리를 위해 할머니는 재빨리 옷을 꺼내왔다. 작은 체구의 할머니 옷이라 내겐 짧았지만 아주 편안했다.

"아이고, 안 돼! 치마를 위에 입어야지! 여자가 바지만 입으면 못써."

물론 말이 통하지 않았지만 할머니가 놀라 손사래를 치며 치마를 덧입는 시늉을 했다. 나는 이래저래 상관없지만 놀라는 할머니를 보니 할아버지와 청년은 더 놀랄 듯해 주섬주섬 치마 하나를 덧입었다.

홍차를 홀짝이다 보니 밖에서 요란하게 내리던 우박도 멎었다. 그 사이에 동네 사람들이 하나둘 우리를 구경하느라 모여들었다. 모두들 우리가 타고 온 자전거를 이리저리 살펴보고 안전모를 돌아가며 써봤다. 그런 그들의 모습이 재미있어서 사진을 몇 장 찍어도 되겠냐고 했더니 할머니 할아버지는 옷을 갈아입고 나와 거울을 보며 머리까지 매만졌다. 동네 아저씨들도 옷매무새를 바로잡고, 한 사람은 아예 안전모를 쓰고 기다리고 있었다. 모두 긴장하고 들뜬 모습이 순수했다.

어렸을 때 필름 카메라로 사진을 찍을 때 우리도 저랬는데. 디지털 카메라로 사진 찍기가 쉬워진 요즘의 우리들에겐 좀처럼 찾아보기 힘든 표정이다. 인터넷이 없다며 동네 아저씨 하나는 사진을 출력해 꼭 보내달라고 주소를 적어줬다. 그들은 우리가 마을을 벗어날 때까지 오래도록 손을 흔들고 서 있었다.

자전거여행자 사진 수집가
VOYAGEURS À VÉLO : ATTRAPEZ-LES TOUS!

아침 일찍 갈 길이 멀다며 하룻밤 묵었던 휴게소에서 날이 밝자마자 서둘러 나왔다. 그런데 금세 물이 졸졸 흐르는 개울이 보여 아침식사를 하려고 멈췄다. 조금 춥긴 해도 역시 물소리가 들리는 곳에서의 소풍은 낭만이 있다. 남은 음식들을 가지고 영국 친구들에게 배운 레시피로 죽 같은 걸 끓였다. 오트밀과 우유에 꿀을 넣어서 끓이는 건데 말만 들어도 뜨끈하고 맛있을 것 같아 한참 벼르던 것을 이제야 실행에 옮겼는데 맛도 있고 온몸이 후끈해졌다. 설거지를 막 끝낼 무렵 난데없이 택시 한 대가 우리가 있는 방향으로 다가왔다. 지나가는 길인가 했는데 웬걸, 자전거 바로 앞에 떡하니 차를 세웠다. 그리고 택시에서 내린 남자가 사진첩과 음료를 비롯한 먹거리를 내밀었다. 영문을 알 수 없어 우선 건네받은 사진첩을 봤다. 그 안에는 국적과 상관없는

수많은 자전거여행자들의 사진이 가득했다. 이곳을 거쳐간 모든 자전거여행자들의 이야기가 이 사진첩 안에 있는 것이 분명했다.
"어디로 가요? 혹시 묵을 곳이나 정보가 필요하면 도와줄게요."
서툰 영어로 이야기하는데 이 친구, 자신의 소개는 접어 두고 브뇨와 나를 돕겠다고 이것저것 질문을 던졌다. 사양을 잘 모르는 브뇨는 휴대폰 심 카드가 말을 듣지 않는다며 냉큼 휴대폰을 들이밀었다. 이 친구는 알아보겠다며 누군가에게 전화를 걸더니만 브뇨에게 수화기를 넘겼다.
"브뇨? 누구야?"

"프랑스 사람이야! 우리처럼 이란을 자전거로 여행 중인가 봐."
어리둥절한 브놔가 속삭였다. 완전 속전속결이다. 한순간에 수많은 정보가 오갔다. 심지어 다음 도착지에 사는 사람들의 연락처를 한 페이지 가득 채워서 주고, 또 사진첩에 있는 몇 안 되는 한국인 자전거여행자의 연락처까지 나에게 넘겨줬다. 나름 추측하자면 택시기사인 이 친구의 취미는 자전거여행자들과 함께 찍은 사진을 수집하고, 여행자들을 돕기 위한 여러 가지 정보를 제공하는 듯하다. 그런데 여느 여행사보다 낫다.

그는 택시를 세워두고 한참 동안 우릴 위해 애쓰더니만 이젠 일을 하러 가야 한다며 서둘러 사진첩을 챙겨서 택시에 올랐다. 제대로 고마움을 전하지도 못했는데 재빠른 움직임에 방해라도 될까봐 우리는 멀뚱히 서서 손만 흔들었다. 그런데 도대체 어떻게 알고 이 개울가까지 우리를 찾아온 것일까. 국경지대에 아는 사람들이 있어서 서로 연락을 주고받는다고 하던데 여긴 국경에서 꽤 떨어진 곳 아닌가? 그럼 혹시 어제 휴게소에서 우연히 마주쳤던 국경지대 환전상 아저씨를 통해 이야기를 들었나? 그러고 보면 그 환전상 아저씨를 다시 만난 것도 신기한 일이다. 하루 종일 거대한 물음표 하나를 자전거 뒤에 실고 달리는 느낌이 들었다.

이른 오후 마란드^{Marand}라는 도시에 도착했다. 지금껏 달려온 길이 얼마나 조용했던지 오랜만에 북적이는 사람들 사이에서 느껴지는 생기가 너무나 반갑다. 도시 초입에 들어서자마자 자전거를 타고 다니는 사람들이 보여서 더 그랬는지도 모르겠다.

"어, 브놔? 저기 앞에 봐. 아침에 만난 그 수집가 친구 아니야?"
"에이 설마. 그 친구 일한다고 갔었잖아."
"그렇지, 아니겠지?"
그런데 바로 그였다. 그가 우리를 향해서 이번에는 택시 대신 자전거를 타고 왔다. 어떻게 알고 왔느냐는 말은 물을 수도 없었다. 그는 마치 우리가 당연히 만나기로 했던 것처럼 대했다. 그는 피곤할 거라며 홍차와 간식을 대접했다. 그리고는 도시 끝까지 동행해 준다며 앞장섰다.
우리는 그가 혹시 이란 정부에서라도 보낸 사람인가 의심하곤 피식 웃고 말았다. 우리가 그리 대단한 사람은 아니지 않은가. 도로 끝에 와서 드디어 이별 인사를 나누었다. 답례로 해줄 수 있는 일이 뭐가 있을까 물어봤더니 너무도 간단한 것이었다. 악수와 기념촬영! 우리가 그의 사진첩 한 면을 채울 수 있게 되었음이 참으로 영광스럽다.

타브리즈의 행복세포

DIFFUSEUR DE BONHEUR

생각보다 이른 시간에 타브리즈Tabriz에 도착했다. 카우치 서핑 회원 나피쉬에게 연락을 하니 자기가 살고 있는 곳은 우리가 있는 도심에서 조금 떨어져 있다고 우선 역전에서 만나자고 했다. 평균속도보다 두 배는 빨리, 60km를 2시간 반 만에 정복한 우리는 여유 만만한 마음으로 한적한 역 앞에서 새로운 친구를 기다렸다.

"하이! 브놔와 미영? 내가 나피쉬야."

이메일로만 연락을 주고받던 친구가 드디어 눈앞에 나타났다. 늦을까봐 뛰어왔는지 턱까지 숨이 차 있었다. 느슨하게 두른 히잡도 바람에 금방 날아갈 것만 같다. 웃음을 가득 담고 사근사근한 말투로 인사를 하는데 내 입가에 절로 미소가 생겼다.

나피쉬는 지도를 펴놓고 자기가 살고 있는 곳을 표시했다. 20㎞ 정도 떨어진 거리인데 포장된 도로라 그리 멀지 않을 거라고 했다. 오늘은 컨디션이 좋으니 이 정도 거리는 힘을 조금만 내면 1시간 안에 도착하겠다 싶었다. 나피쉬는 버스로, 우리는 자전거를 타고 가서 만나기로 했다.
"걱정 마. 우리집 오는 길 아주 평평해, 평평! 조금 있다가 봐."

나피쉬는 잠시 후 보자며 버스를 타고 가고 우리는 도로 위를 달리기 시작했다. 그녀가 말했듯 누가 봐도 평지인데 이상하게 힘이 들었다.
"브놔, 왜 이렇게 힘이 들지? 자전거가 속도를 못 내! 이 정도로 페달을 밟으면 속도가 시속 15㎞는 되어야 하는데 10㎞도 넘지를 못하네."
"미영, 잘 봐. 여기는 평지이긴 하지만 전체적으로 오르막길이야."
버스나 차를 타고 다니면 알 수 없는 도로의 미세한 각도. 그녀가 반복해 외치던 플랫, 플랫이란 호언장담은 모터의 시선이었던 건가.
열심히 페달을 밟아 도착지까지 5㎞ 정도 남았을 무렵, 눈앞에 떡하니 깎아지른 듯한 오르막길이 나타났다. 그녀의 집은 자전거를 타면 뒤로 뒤집어질 정도의 가파른 절벽 끝에 있었다. 결국 마지막에는 산을 타듯 자전거와 짐을 끌고 간신히 올라가야 했다. 1시간을 생각했는데 결국엔 3시간이 넘게 걸렸다.
집 앞에 이르자 나피세가 환하게 웃으며 우리를 향해 달려왔다. 나는 그녀를 보자마자 말했다.
"나피쉬! 여기 절대 평평하지 않아!"

집으로 들어가자마자 우리는 방 하나를 차지하고 들어가 한참을 누워 잤다. 평소보다 3분의 1은 더 되는 거리를 달린 덕분에 지쳐 곯아떨어지고 만 것이다. 그런데 어떻게 처음 만난 사람 집에 방문해서 철면피를 쓴 듯 이러고 있을까. 참 염치도 없다 싶다. 뭘까? 문득 나피쉬의 미소가 떠올랐다. 그녀가 우리를 따뜻하고 편안하게 맞이했기 때문이라는 생각이 들었다.

저녁이 되어서 나피쉬의 남편 후세인이 퇴근하고 왔다. 그 역시 아내만큼이나 밝고 활기찼다. 또래인 데다 마음이 통하는 사람들을 만나니 히잡을 벗은 것 이상으로 숨통이 트였다. 그들은 마치 소꿉놀이하듯 저녁을 준비했다. 그런데 그녀가 뜬금없는 질문을 했다.

"미영, 넌 행복하니?"

"응, 왜?"

"난 행복한 기운은 서로에게 전달되는 거라고 생각해. 행복한 사람들을 만나면 나도 모르게 기분이 좋아져. 내 친구들도 그렇고 너희도 그렇고. 그래서 나는 더 행복한 사람이 되려고 노력해! 그거 알아, 미영? 너희를 만나게 된 것도 내게는 운명 같은 거야! 카우치 서핑 등록을 하자마자 너희가 우리에게 연락을 했거든."

"우리가 첫 방문자야?"

"응! 놀랍지 않아?"

사소함에서 행복을 찾을 줄 아는 나피쉬와 후세인. 우리는 이들을 만나 더없이 즐거웠고, 일상의 행복을 배웠다. 그들은 우리에게 운명 같은 만남이라고 했지만, 우리가 더 많은 걸 얻고 배웠다는 걸 그들은 알까?

이란의 조용한 혁명가
RÉVOLUTIONNAIRE CALME

오늘 저녁엔 투르크메니스탄^{Turkemenistan} 비자 업무를 위해서 테헤란 행 기차를 타야 한다. 타브리즈에서 보낼 수 있는 시간이 얼마 남지 않았다. 나피쉬 후세인 부부와 아침을 먹고 있는데 이웃의 한 노부부가 우리 모두를 초대한다는 전화가 왔다. 갑작스럽긴 하지만 이들이 오래전부터 알고 지내던 사람들이고, 우연한 인연에 거는 기대가 큰 나로서는 거절할 이유가 없었다.

서둘러 나왔는데도 워낙 복잡한 시내 교통 때문에 약속시간을 훌쩍 넘겨 도착했다. 대문은 이미 활짝 열려 있었다. 노부부가 나와서 우리를 반겨줬다. 그런데 노부부라고 하기에는 너무나 활기차고 젊었다. 아저씨도 그렇지만 두 갈래로 짧게 머리를 땋은 한 아주머니는 눈가의 주름이 아니었다면 나이를 가늠할 수 없을 정도였다.

대문을 들어서자마자 마당 가득 펼쳐져 있는 다양한 자전거들과 쓸모를 다 파악할 수 없는 오래된 캠핑도구들이 눈을 홀리는 바람에 막상 방까지 들어가기가 쉽지 않았다. 심지어 벽면도 아쉬울세라 여기저기 여행 사진들과 신문지들이 도배되어 있었다. 우리의 관심사이기도 하지만 사방의 전시물에 서려 있는 추억과 애정이 느껴져 눈을 뗄 수가 없다. 이란어를 읽을 수 없어 뜻을 알 수 없는 것이 안타까울 정도로 집주인의 생각이 구석구석에서 숨을 쉬고 있었다. 한참이 지난 후에야 우린 거실과 부엌이 있는 아주머니의 공간에 들어설 수 있었다.

"내 공간은 저 이처럼 흥미롭질 못해요. 자전거도 없고 말이지."
아주머니가 겸손하게 웃으며 말했다. 그러나 아주머니의 오래된 부엌과 거실, 창밖으로 보이는 작은 정원까지 어느 곳 하나 그냥 넘길 수 있는 곳이 없었다. 손때와 함께 느껴지는 정성이 아저씨와 취미만 다를 뿐 그 깊이는 못지않았다.
"두 분 어떤 일을 하셨어요? 집안이 박물관 같아요."
영어를 잘하는 아주머니가 아저씨 이야기를 중간에 통역을 해줬다.
"남편은 글을 써요. 젊을 때 사상이 정부와 맞지 않아서 감옥살이를 좀 오래 해서 지금은 조심하는 편이지만요. 물론 여행은 끊임없이 하고 있죠."
"감옥이요?"
"한 10년 있었어요. 그동안 아내가 날 기다려줬어요. 마누라 하나는 내가 잘 골랐어요."
그 오랜 기간을 교도소에 있었다는데 마치 하루나 이틀 정도 잠깐 있었던 것

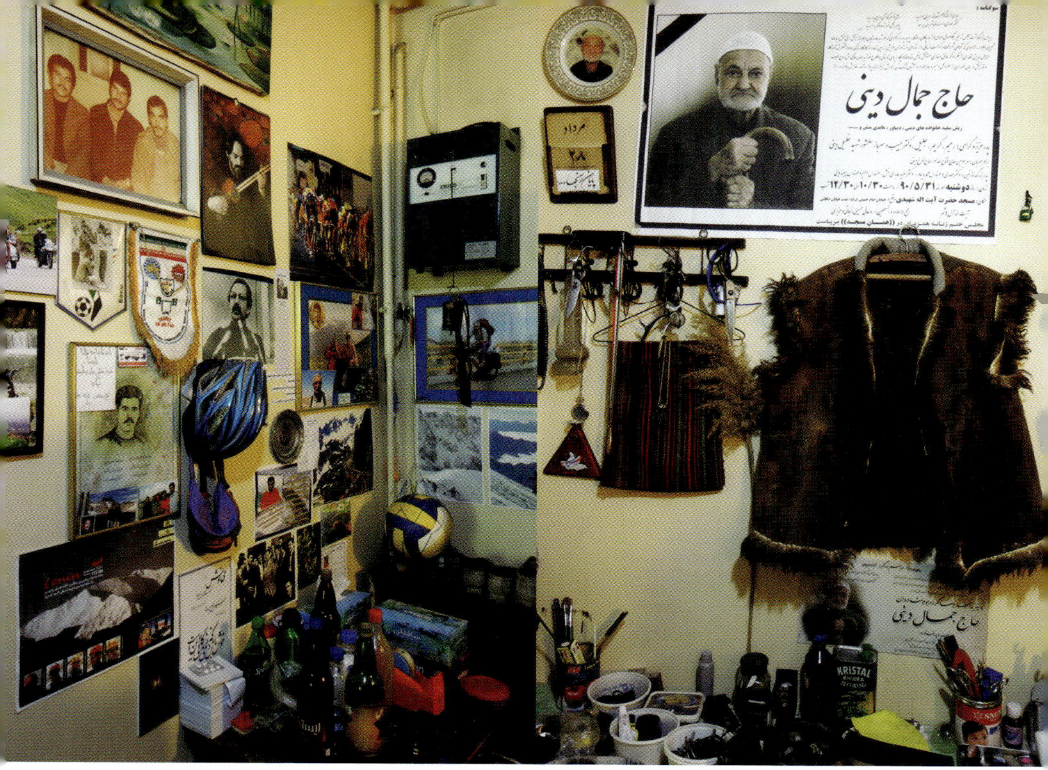
حاج جمال دینی
مرداد
۲۸
KRISTAL

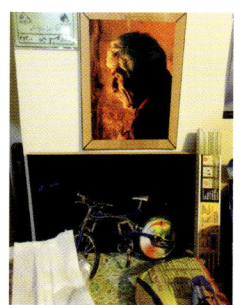

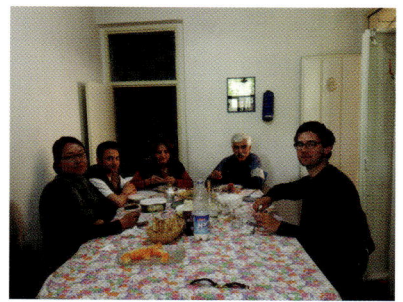

처럼 가볍게 말했다. 자신의 주관을 관철하고 그것을 위해 희생하면서도 그것을 희생이라 생각하지 않는 사람들.

우연히 브뇨의 아버지, 즉 나의 시아버지가 읽고 있던 책에서 일제침략기에 한국을 여행한 프랑스인의 기록을 본 적이 있다. 그의 기자였던 한국인 친구 한 명은 독립을 위해서 실상을 폭로하고 국외까지 나가서 독립을 요구했다고 했다. 물론 그러다 감옥에 들어가기도 수십 번. 고문도 여러 번 받았다고 했다. 하지만 그럴 때마다 그는 더욱 더 열성적으로 자신의 사상을 관철시켜 나갔단다. 아니 오히려 일제의 압박이 그에게 움직여야 하는 이유를 만들어 주는 듯했다고 그 프랑스인은 기록하고 있었다.

그때의 한국과는 다르겠지만 타브리즈에서 만난 많은 이들도 법으로 국민을 지배하려는 정부에 진력내고 있었다. 이란에서 여성은 히잡을 비롯해서 엉덩이를 덮는 긴 옷을 입어야 하고, 남자도 반바지를 함부로 입지 못한다. 해외여행을 할 수 없도록 이란 화폐 가치를 떨어뜨렸고 텔레비전에서는 이슬람교에서 위대하다고 말하는 지도자의 늙은 얼굴과 드라마 들만 반복적으로 흘러나오고 있었다.

하지만 그들은 생각하고, 스스로 질문을 던지며, 고민한다. 그리고 각자가 찾은 답을 실천하며 살아가고 있다. 여성과 남성은 이래야 하고 저래야 한다는 틀이 그들을 옭아매고 있음에도 불구하고 차도르 안의 여성들은 밝고 명랑했으며 남성 역시 강박관념이나 얽매임이 없었다. 모두들 그런 각자의 개성을 인정하고 살아간다. 그런데 이런 사상을 갖고 살아가는 사람들의 집에는 공통적으로 텔레비전이 없거나, 틀어놓지 않는다. 그것이 곧 그들이 사고하고 있음을 보여주고 있었다.

이 노부부의 역사와 현재에 푹 빠진 우리는 시간 가는 줄 모르고 앉아 있다 기차가 떠나기 1시간을 겨우 남겨놓고 일어섰다. 노부부는 며칠 더 묵고 가라고 했고, 우리도 그러고 싶었지만 테헤란에서의 약속과 기차 예약 때문에 부득이 일어설 수밖에 없었다. 역까지 30분 걸린다고 해서 늦을까봐 걱정했는데 이란의 심한 교통체증 사이를 쏜살같이 달려가는 아저씨의 자전거를 따라가면서 걱정을 잊었다.

역에는 나피쉬 부부가 우리를 배웅한다며 택시를 타고 와 기다리고 있었다. 자전거 운송 문제로 기차가 떠나기 직전까지 정신이 없었던 우리는 제대로 작별 인사도 나누지 못한 채 기차에 올라 열심히 손을 흔들 수밖에 없었다.

어느새 바람에 스치듯 만나고 헤어지기를 반복하고 있는 브뇨와 나의 모습이 낯설다. 하지만 슬픈 것만은 아니다. 보이지 않는 바람이 공기의 흐름을 바꾸듯 우리 여행의 이 모든 만남들이 바람과 같이 브뇨와 나를 통째로 변화시키고 있으니 말이다.

비자, 그 보이지 않는 신뢰의 금

LA LIBERTÉ CONDITIONNELLE

일주일 가까이를 테헤란에 있으면서도 우리가 할 수 있는 일이라곤 대사관 투어밖에 없었다. 다음 목적지는 이란 서북쪽에 있는 투르크메니스탄^{Turkmenistan} 공화국. 그런데 이곳은 입국이 매우 까다로워 관광비자를 잘 내주지 않는다고 했다. 우리에게 주어진 최고의 혜택은 그래 봤자 통행비자. 그런데 이마저도 언제 어디에서 들어갔다 나올 것인지 확실한 날짜와 서류를 제시해야 한다고 했다. 즉, 투르크메니스탄 비자를 발급받기 위해선 다음 입국지인 우즈베키스탄^{Uzbekistan}의 비자가 우선 필요하다는 것이다.

그런데 문제는 대사관들 운영시간이 오전 잠깐이라 그 짧은 시간 안에 모든 대사관을 왔다 갔다 해야 한다는 것이다. 거기에 더해 프랑스와 한국이 우즈베키스탄과 맺은 조약 내용이 각각 달라 한국 사람인 나는 브놔와 달리 초청장이 필요하단다. 갑자기 우즈베키스탄에서 나를 초청할 사람이 누가 있으랴. 방문도 처음인데. 어렵사리 초청장 발급을 위해 알아낸 곳이 여행사인데 이곳에서도 나 같은 외국인은 처음인지 그 내용도 그렇거니와 가격도 이랬다저랬다 기준이 없다. 그나마 다행스러운 것은 대사관들이 그리 멀지 않은 곳에 있었다는 정도.

여차저차 우즈베키스탄 비자와 타지키스탄^{Tajikistan} 비자를 손에 쥐게 되었다. 투르크메니스탄 비자는 발급되는 데 2주가 걸린다고 해서 이란을 나가기 바로 전에 있는 도시에서 받기로 했다. 비자라고 적힌 종이 스티커 하나 때문에 2주나 되는 이란에서의 시간을 허비할 수는 없으니 말이다.

종이와 시간 낭비를 제대로 조성하는 이 제도는 도대체 왜 언제부터 생긴 걸까. 땅덩이는 하나고 지금도 물이 흐르지 않는 이상 전부 연결되어 있는데. 아니, 물이 흘러도 그 아래는 하나의 덩어리로 만들어진 것이 지구라는 행성 아닌가. 나의 이 불편한 호소에 브놔가 말했다.

"1차 세계대전 때 스파이 문제를 피하기 위한 대책으로 만들어진 법이야. 국가 간의 신뢰가 깨지면서 발생한 제도지."

그렇다면 지금까지 이 법이 존재한다는 건 당시에 생긴 금이 아직도 그대로라는 건가. 여행 초반 아무렇지 않게 자전거로 지나왔던 프랑스와 이탈리아의 국경. 그 위에 우뚝 남겨져 있던 텅 빈 검사소가 갑자기 그리워졌다.

카우치 서핑 회원 마흐무트가 살고 있는 아파트는 테헤란^{Teheran} 시내 중심에 있어 길 찾기가 그리 어렵지 않았다. 하지만 집 앞에 도착하고 나니 무슨 액션영화라도 한편 촬영하고 온 기분이 들 정도로 정신이 하나도 없었다. 자동차들은 차선과 신호등을 대충 무시하고 전속력으로 달렸고, 자전거는 한 대도 보이지도 않았다. 워낙 도심의 교통이 위험천만하다 보니 자전거를 타고 다니는 건 상상을 못하는 게 아닌가 싶다. 브냐는 비디오게임을 하는 것 같다며 신이 났는데 나는 나중에 다시 그 도로를 통해 떠날 것을 생각하니 절로 아찔했다.

그런데 마흐무트는 아직 퇴근 전이고 대신 그의 아내 모쉬간이 우리를 마중 나왔는데 표정이 시큰둥해 브냐와 나는 적잖이 당황했다.

"미영, 이해가 안 돼. 저들이 왜 우리를 초대한 건지 모르겠어. 다른 곳을 찾아봐야 하지 않을까."

그래도 일단 우리는 모쉬간이 내준 방에 짐을 풀고 한숨 잤다. 자고 일어나니 모쉬간은 처음보다 조금 부드러운 표정으로 우리를 대했다. 모쉬간은 서서히 마음을 여는 스타일이었던 것이다. 결국 우리는 숙소를 바꾸지 않고 비자 업무를 보는 일주일 내내 그녀와 함께 지냈다.

이들 부부를 통해 우리는 파히둠 할아버지를 만나 더없이 특별한 시간을 보낼 수도 있었다. 마흐무트의 지인인 파히둠 할아버지는 골동품과 예술품이 그득한 그의 집으로 우리를 초대해 맛있는 이란 전통요리를 직접 해주었다. 뿐만 아니라 테헤란에서 자동차로 4시간 정도 떨어진 산속에 있는 또 다른 집에까지 우리를 초대했다.

빛 하나 보이지 않는 산속 집에 도착하자 방 안에는 이미 여러 사람들이 불을 피워놓고 도란도란 이야기꽃을 피우고 있었다. 나이도, 직업도 각양각색. 물론 우리는 알아보지 못했지만 그들 중에는 이란의 유명 배우와 성우도 있

었다. 그리고 한 아저씨는 밤새 이란의 전통 기타를 연주했다. 어떤 이야기를 나누는지 비록 말은 알아들을 수 없었지만 분위기에 취해 밤늦도록 그들 곁을 떠나지 않고 있었다. 참 행복한 시간이었다.

비록 일주일이 지난 뒤 테헤란을 떠나오긴 했지만 친정 식구 같아져버린 모쉬간과 마흐무트. 그들과는 여행이 끝난 지금도 연락을 주고받고 있다.

실크로드 상인의 하루
UNE PAUSE AU CARAVANSERAI

마흐무트로부터 니아사르^{Niasar}란 마을에서 장미축제가 열린다는 말을 듣고 나는 브뇨를 설득했다. 여기저기 펼쳐진 장미꽃밭, 그 짙은 향기가 대지를 감싸고 있을 풍경. 상상만으로도 황홀경의 끝에 다다른 느낌이 들었다.
니아사르까지 한 번에 갈 수 없어 우선 카샨^{Kashan}이란 곳까지 버스를 타고 갔다. 카샨에 도착하니 뜨거운 공기와 건조한 바람이 사막과 멀지 않음을 체감케 했다. 하지만 도심은 너무 적막하고 뭐 하나 눈에 뜨이는 것이 없어 실망스러울 정도였다. 브뇨를 설득해서 온 만큼 슬쩍 그의 눈치까지 보게 됐다. 그때 평범한 집들 뒤로 둥근 모래 돔들이 슬쩍슬쩍 보이기 시작했다.
그러다 길에서 만난 프랑스 여행자들로부터 흙으로 지은 꽤 괜찮은 게스트하우스를 소개받았다. 알고 보니 도착 전에 우리가 여행책자로 미리 봐두었

던 곳이다. 뭔가 좋은 일이 생길 것 같은 예감을 갖고 게스트하우스를 찾아갔는데 웬걸, 방이 없단다. 우린 옥상에 텐트라도 치게 해달라며 통 사정을 했다. 그러자 잘 사용하지 않는 방이라며 쪽방 하나를 내줬다.

그런데 숙소 옥상에 올라가 보니 의외의 풍경이 펼쳐졌다. 둥글둥글한 모래 지붕들이 이전에 보지 못한 이국의 멋을 한껏 자아냈다. 뜨겁게 내리쬐는 햇볕을 반사시키며 빛나는 꿀빛 모래 돔들이 만들어내는 풍경에 우리는 눈이 멀 지경이었다. 실제로도 뜨거운 열기와 햇빛으로 눈과 몸이 녹아버릴 것 같아 방으로 들어가니 순간 환풍기 돌아가는 방안이 천국 같았다. 말이 게스트하우스지 호텔보다 나은 이곳은 하룻밤에 불과 1만5000원. 한국에 있는 가족들을 다 불러다 이 풍경을 보여주고 싶을 정도다.

날이 뜨거워 우선 멀지않은 곳에 있는 바자르 구경부터 하기로 했다. 식사시간인지 시장 입구의 상점들은 모두 문을 닫았다. 투명한 유리문 너머로 훤히 보이는 오래된 상점들은 매력이 넘쳤다. 50년은 된 듯한 기구들과 장식으로 채워진 이발소와 녹슨 부품과 오래된 고철로 가득한 자전거 가게, 손수 가마에 넣어 빵을 굽는 제과점까지. 운 좋게 한 향수가게 문이 열려 있어 홀린 듯 안으로 들어갔다.
미끈한 피부의 이란 아저씨가 말끔하게 머리를 빗어 넘기고 웃으며 반겼다. 2평 남짓 되려나, 그 작은 공간 끄트머리 뒤쪽 벽에는 몇 대째 장미향수 사업을 이어오고 있다는 걸 증명하듯 아저씨의 아버지, 할아버지의 사진이 붙어 있었다. 아저씨가 향수들을 꺼내 코끝에 대줬는데 향기도 그렇거니와 그 묘한 분위기에 질식할 것만 같았다.

가게를 나와 시장 안쪽으로 들어가는데 향에 취해서인지 양탄자라도 탄 것 같았다.

시장 끝에 다다르니 큰 문 하나가 나타났다. 문 너머로는 실크로드를 건너오다 지친 상인들의 쉼터, 즉 카라반세라이의 형상을 닮은 돔이 있었다. 문 안으로 발을 들이기 전에 정신을 바짝 차려야지, 그렇지 않으면 빠져나오지 못할지도 모르겠단 생각이 들어 심호흡을 크게 하고 들어갔다.

문득 영화 〈빅피쉬〉에서 본 유령마을이 떠올랐다. 세상 밖으로 되돌아 나갈 수 없다는 듯 신고 왔던 신발을 마을입구에 던져놓고 나서야 들어갈 수 있는 그곳처럼 바자르 깊숙이 숨겨져 있는 이곳이 우리를 그렇게 다른 세상으로 인도했다. 육중한 나무와 철로 장식된 문은 낡았지만 화려하게 새겨진 별 문양이 눈을 현혹해 또 다른 세상의 입구를 방불케 했다.

대문을 지나 계단으로 내려서니 커다랗게 솟은 돔이 한가득 기하학적 모자이크 장식을 하고 우리를 맞아주었다. 돔은 높이가 2층 건물 정도 되었는데 그 중앙에는 하늘을 향한 작은 구멍이 뚫려 있었고 그 바로 아래에선 파란색 분수대가 하늘을 고스란히 담아내고 있었다. 시장 밖의 타버릴 듯 뜨거운 날씨는 거짓말이라는 듯 분수대의 푸른 물이 전체 공기까지 식혀줬다. 거기에 내부를 둥글게 둘러싸고 있는 시대를 알 수 없을 만큼 낡은 나무 장식의 이층건물은 고풍스러움을 더했다.

황홀함에 이끌려 물 흐르듯 출구 또는 다른 입구로 보이는 문 방향으로 다가가니 여전히 운영 중인 작은 찻집이 보였다. 비록 낙타를 타고 온 것은 아니지만 그 시대의 상인들처럼 우리도 마루에 걸터앉아 홍차를 한 잔씩 마시며 낭만에 깊이를 더해봤다.

"하지만 진짜 상인이 된 기분을 느껴보려면 길을 달려봐야 하지 않겠어?"
우리는 낙타 대신 자전거를 타고 니아사르까지 가는 길을 달려보기로 했다. 그런데 아뿔싸, 도로가 워낙 포장이 말끔하게 되어 있어 쉽게 생각했는데 처음부터 끝까지 은근히 오르막길이었다. 브냐는 남자라 모르겠지만 나는 사막과도 같은 더위에 긴 옷을 입고 히잡까지 써서 땀이 뚝뚝 떨어졌다. 그런데다 도로가 워낙 좁아 쌩쌩 달리는 자동차 사이를 간다는 게 여간 조심스러운 게 아니었다.

어느새 밤이 되어버렸다. 한치 앞도 보이지 않았다. 어쩌지 하고 있는데 멀리에 있던 경찰이 우리를 불러 세웠다.
"자전거로 달리기엔 밤길이 위험해요. 내일 아침에 다시 출발해요."
"그런데 주변이 광야라 잘 수 있는 곳이 없어요."
경찰과 이야기를 하다 보니 경찰들 뒤로 보이는 장소가 캠핑장소로 마땅해 보였다. 뒤편에 커다란 참전용사기념비가 세워져 있는 언덕 앞 널따란 잔디밭이 눈에 들어왔던 것이다. 우린 손짓발짓으로 그곳에서 캠핑을 하도록 해달라고 부탁했는데 쉽게 허락을 하지 않았다. 캠핑을 하기 위해 만들어진 장소가 아니라는 것이었다. 우리가 통 사정을 하자 못 이기는 척 멀지 않은 곳에 보이던 풀밭에 텐트를 치라고 했다. 우린 몇 번씩 감사 표시를 하면서 잔디밭 위에 자리를 잡았다. 몇몇 사람들이 지나가면서 쳐다보긴 했지만 오늘도 잠잘 곳이 생겼단 사실에 그저 우린 안심이었다.
다시 날이 밝고 떠나기 전, 경비초소 사람들에게 고맙다고 인사를 하러 갔더

니 이란 군인들이 썼다는 스카프를 내밀었다. 이곳의 날씨에 비해 내 히잡이 너무 무거워 보인다면서. 내 마음을 읽기라도 한 것처럼 고마웠다. 나는 가벼운 스카프를 동여매고 햇빛이 더 강해지기 전에 도착지를 향해 열심히 페달을 밟았다.

광야를 달리면서 장대한 오르막길과 하루 종일 뜨거운 태양열에 우리의 몸은 흐물흐물해졌다. 우린 나무가 보이자마자 자전거를 내팽개치고 그 그늘 아래에 누워버렸다. 마을이 몇 발자국 남지 않았지만 더 이상 달릴 수 없었다.
얼마를 그렇게 있었을까. 몸이 조금 정신을 차리자 다음 목적지인 니아사르 마을로 들어갔다. 거친 광야는 사라지고 여기저기 물이 넘쳐났다. 입구부터 콸콸 흐르는 물줄기를 따라 산꼭대기까지 올라갔다. 보기만 해도 순식간에 전신이 시원했다. 그 옛날 실크로드를 달렸던 상인들, 그들도 이런 기분이었겠지? 달릴 때만 해도 힘이 들어 후회로 가득했는데 막상 도착하고 보니 내 마음은 잘 왔다고 외치고 있었다.
여기저기 나무 밑에서 바비큐를 굽는 사람들과 도심에서 멀지않은 곳이라 주말을 맞아 놀러온 관광객들로 작은 마을이 발 디딜 틈도 없다. 그래도 가족과 친구끼리 나와서 즐기는 모습을 보니 우리도 덩달아 즐거워졌다. 물 위에 동동 띄워놓은 수박을 보니 어릴 적 가족들과 냇가로 소풍갔던 기억도 떠올랐다.
그러나 안타깝게도 막상 기대했던 장미밭은 눈에 띄지 않았다. 그 향과 색에 오감을 취하게 만들고 싶었는데 카샨에서 니아사르까지의 거리 이상으로 더 가야 볼 수 있단다. 아, 그렇게 한다면 우린 어쩌면 그곳에서 여행을 끝낼지도 모른다.

"안 돼! 되돌아가자!"

단호하게 왔던 길을 되돌아가기 위해 자전거를 돌렸다. 기나긴 오르막으로 우리를 괴롭히던 도로가 이젠 내리막길이 되었다. 페달을 밟지 않아도 자전거가 잘도 나아갔다. 이 길이 이렇게 짧았던가! 장미향 대신 콧속으로 들어오는 시원한 바람이 나를 위로했다.

돌고 도는 생
LE CYCLE DE LA VIE

버스를 타고 오는 내내 창밖으로 보이는 것은 마른 풀이 엉기성기 나 있는 모래밭뿐이었다. 아름다운 풍경은 아니지만 자주 접할 수 없는 모습이라 창밖으로 나간 시선을 뗄 수가 없다. 물론 덥고 좁은 버스 안의 답답함 때문에 되도록이면 밖을 보는 것이 낫기도 했다. 야즈드^{Yazd}는 사막지역으로 적막하고 음산한 기운이 대지를 가득 채우고 있음에도 불구하고 워낙 색다른 분위기 때문인지 신선하게 다가왔다.

나지막한 건물들과 함께 구시가지가 서서히 눈에 들어왔다. 그런데 그 끄트머리에 시선을 잡아끄는 광경 하나가 나타났다. 아주 잠깐 스치듯 본 것인데 이상하리만치 잊히지 않아 숙소에 짐을 풀고 시내 구경도 할 겸 다시 그곳을 찾아가기로 했다.

신성한 불의 사원 아테슈카데 전경과 건물 중앙에 있는 조로아스터교 상징. 1600년 동안 꺼지지 않는 불꽃을 간직하고 있으며 전 세계 신도들이 찾는 성지다.

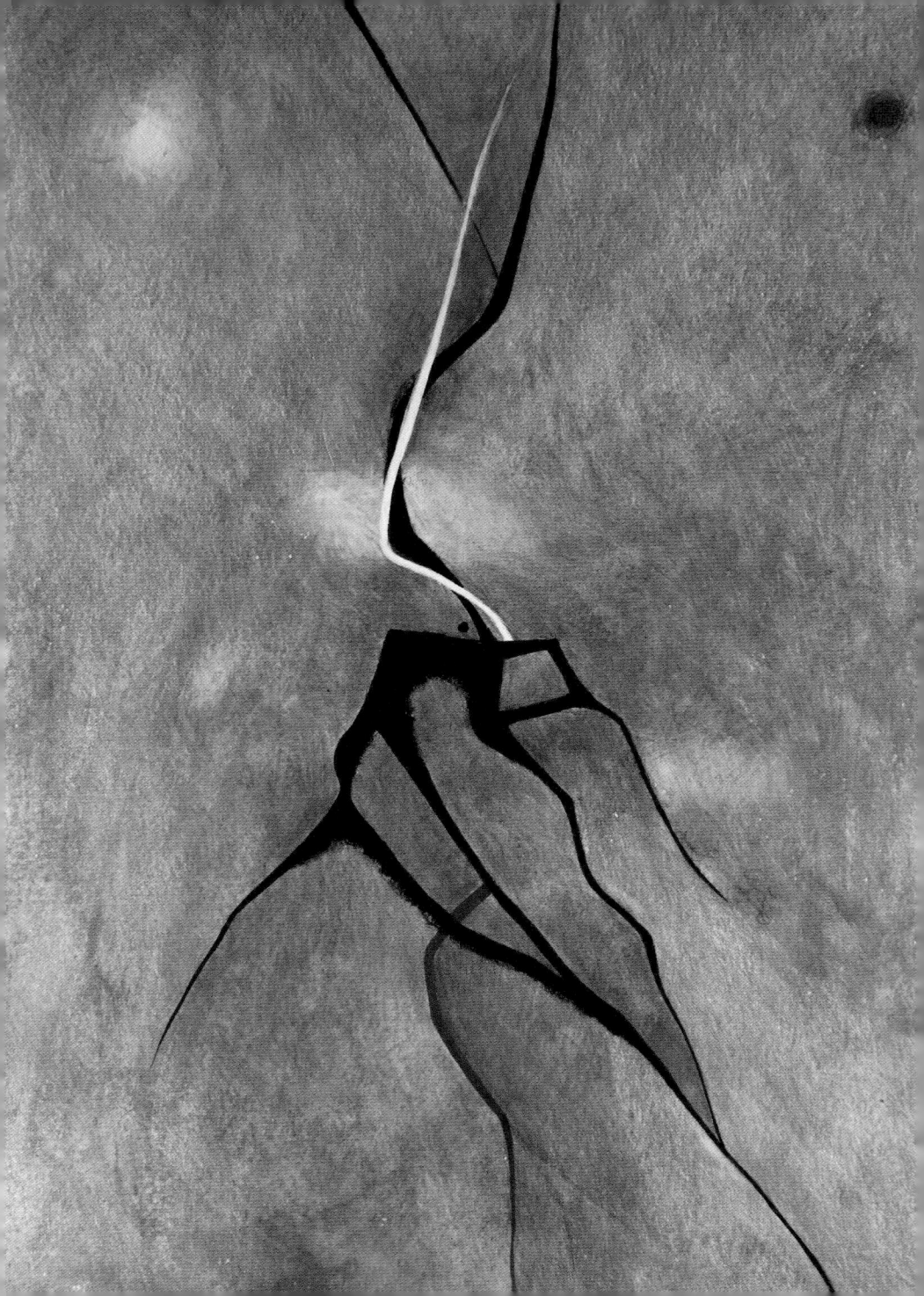

먼저 야즈드의 유명한 아테슈카데^{Ateshkadenh} 사원에 도착했다. 이곳은 작은 기념관과 같은 사원으로 건물 외관은 단순했다. 그중 머리 중앙에 장식된 문양이 유난히 눈에 띄었다. 날개를 펼친 새 형상 위에 한 사람이 옆모습을 보이고 앉아 있는데, 형태도 그렇거니와 파랑과 노랑의 강렬한 색채가 세련되진 않았지만 이집트 벽화를 연상시켰다. 오래된 가이드북을 뒤지던 브냐가 그것이 조로아스터교의 상징물로 선지자의 모습과 새의 날개를 조합한 것이라고 설명해줬다.

조로아스터교는 페르시아 역사상 최초의 종교라고도 할 수 있는데 워낙 이란하면 이슬람교가 떠올라 다른 종교를 상상하지 못했던 우리에겐 새로운 발견과도 같았다. 그리고 보니 택시 안에서도, 가정집에서도 이 조로아스터교의 상징문양을 종종 본 기억이 났다. 기원전 6세기부터 기원후 7세기 중엽까지 무려 1000년 동안 번성했던 종교. 지금은 15만 명 정도의 신도만 남아 있는데 그중 1만 5000 명 정도가 바로 야즈드 부근에 살고 있다고 한다.

안으로 들어서니 있는 것이라곤 놋쇠그릇에서 타고 있는 장작불이 전부다. 그런데 장작불을 유리문으로 보호하고 있다. 설명을 읽어 보니 1600년 가까이 꺼지지 않고 있는 불이란다. 오랫동안 유지되고 있는 불꽃보다는 계속해서 장작을 넣으며 꺼지지 않게 지키는 이들의 정성과 믿음이 더 대단하다는 생각이 들었다.

아테슈카데 사원을 나와 침묵의 탑$^{Dakhmeh-ye\ Zartoshtiyun}$으로 갔다. 외곽에 있기 때문인지 도심에서 느꼈던 생기는 어느새 사라졌다. 침묵의 탑은 조로아스터교에서 장례를 치르던 곳으로 지금은 사용하지 않는다고 했다. 그런데 이

상하게 힘이 느껴졌다. 나 홀로 진공의 상태에 빠져든 것이 아닌가 싶을 정도였다. 조로아스터교는 조장, 즉 시신을 독수리 같은 새가 먹게 했다. 그러나 1930년대부터 조장을 금지하고 이슬람교처럼 매장을 하고 있다.

탑 주변을 함께 서성이던 이란인이 와서 귀띔했다. 죽은 자의 삶이 선했다면 뼈조차도 남지 않을 만큼 말끔히 자연으로 회귀되며, 반대로 악했다면 그 시신이 그대로 남아 썩어간다고.

그저 떠도는 말이라기에는 일리가 있다는 생각이 들었다. 인간도 하나라 그 몸 안에 스스로 독을 만들기도 하고 반대로 엔돌핀을 생산하기도 한다. 그러

니 삶의 모습에 따라 몸 안을 구성하는 것도 변화할 것이고, 만약 시신에서 독한 냄새가 난다면 야생동물들은 입을 대지 않을 테니 말이다.

독했던 내 마음 한구석을 장례 치르듯 탑 꼭대기로 올라갔다. 그리 높지 않은데도 그 끝에 올라 아래를 내려다보니 야즈드의 모습이 훤하게 펼쳐졌다. 세상의 색깔들이 다 어디로 사라진 걸까. 혹시 내 눈이 잘못된 것일까. 우리를 둘러싼 모든 것이 흙과 같은 세피아색이다. 어느새 그 세상의 색과 하나가 된 브놔와 난 말없이 흔적만 남은 시신 안치대 주변을 서성거렸다.

여행경로 급 변경

C'EST LA VIE

이란의 마지막 지역이었던 마샤드에서 투르크메니스탄으로 들어갈 수 있는 비자에 문제가 생겼다. 아침부터 대사관에 왔는데 돌아오는 대답은 이란 비자 만기일 이후에나 입국비자가 나온다는 것이다. 이건 뭐, 이란에 있지도 못하고 옆 나라 투르크메니스탄으로 들어가지도 못하고 공중부양을 하게 생겼다. 소식을 접하자마자 다음날 이란비자를 연장하기 위해 마샤드에 있는 경시청으로 갔다. 그러나 이미 한 번 연장을 했기 때문에 더 이상은 안 된단다. 물론, 곧 있을 선거도 큰 이유 중 하나였다. 더 머물 경우엔 그에 해당하는 소정의 벌금을 지불하면 된다고는 하지만 추가요금까지 내가면서 더 이상 차도르나 망토 같은 걸로 엉덩이를 가리기 위해 애쓰고 싶지 않았다. 그럼 이제부터 어떻게 할 것인가.

우린 48시간 이내에 이란 땅을 벗어나야 하고, 어떻게든 여행은 계속되어야 한다! 그런데 브놔의 얼굴은 이젠 끝이다, 라고 말하고 있다. 우선 정신을 차리고 둘 다 컴퓨터 앞에 앉았다. 투르크메니스탄을 제쳐두고 우즈베키스탄 비행기 표를 찾아보니 한 명 비행기 값만 백만 원을 훌쩍 넘었다. 육지를 통해 이란 주변의 다른 나라로 갈까도 알아봤지만 모두 전쟁 지역으로 출입이 금지되어 있는 곳들뿐이었다.

이렇게 되면 루트를 통째로 바꿔야 한다. 우린 유라시아 지도를 컴퓨터 화면에 크게 펼쳐놓고 내일 어디로 갈지 모색하기 시작했다. 그런데 참 기분이 참 묘하다. 두 뼘 크기로 펼쳐진 저 많은 나라 중에 가고 싶은 곳을 선택하고 당장 갈 수 있다니 말이다.

이리저리 여러 가지를 생각한 끝에 동남아시아를 통해 한국까지 가는 경로를 고민했다. 중국까지의 거리가 동남아시아를 통해 가도 구소련 지역을 지나가는 것과 비슷하고 비행기 표값도 둘이 합쳐 백만 원이 안 됐다. 심지어 동남아시아 지역의 끄트머리에 있는 싱가포르에는 내일 당장 우리를 재워주겠다는 친구까지 있다.

그러나 기름진 양고기로 배를 채우고 먼지 휘날리며 실크로드 위를 멋지게 달리고 싶어 했던 브놔의 얼굴은 실망으로 가득하다. 여행 의욕까지 절반은 상실한 것 같다.

"브놔, 맘대로만 안 되는 게 당연한 거 아닐까? 우린 여행하면서 조금씩 배워왔잖아. 난 오히려 기대치도 않고 계획치도 않은 길이라 더 많은 게 기다리고 있을 수도 있을 거 같아."

남편을 달래느라 이 말 저 말 해보지만 구소련 지역은 브놔가 가장 기대하던 나라들이었기 때문인지 쉽게 마음이 풀리지 않는 모양이다.
"사실 우리 이럴 시간이 없어. 브놔, 동남아시아 정보도 하나 없고 어느 나라로 어떻게 지나갈지도 빨리 알아봐야 한다고!"
간신히 설득하고 여행계획을 짜보라고 하자 서서히 브놔의 마음이 풀렸다. 이제 다시 새로운 여행이 시작됐다. 이젠 비자가 문제없는 나라로 가자, 되도록!

SOUTH-EAST ASIA

Singapore

리틀인디아

싱가포르강

가든바이더베이

2013년 6월 1일부터 6월 7일까지
7일간

휴가 속의 휴가
LES VACANCES PENDANT LES VACANCES

싱가포르에 도착해 공항 밖으로 나가자 후끈한 습기가 전신을 둘러쌌다. 브놔는 비자 문제로 여전히 약간의 쇼크 상태인 듯했다. 이런 급박한 상황에서도 우리를 반겨주는 친구가 있다는 것이 얼마나 다행인지 모르겠다.

브놔의 대학 동기인 플로항Florent은 내일 당장 잘 곳이 필요하다는 갑작스런 부탁에도 망설임 없이 오케이를 던졌다. 플로항은 일주일 동안 우리가 편하게 있을 수 있도록 마음을 썼다. 그가 일하러 간 낮 동안 우리는 천천히 돌아다녔다. 하루는 그냥 시내를 나갔다 우연히 리틀 인디아Little India에 들어가게 됐다. 이곳에서는 짙은 피부색의 인도인들이 눈에 많이 띄었고, 거리에서는 묘한 커리향이 났다. 오래된 건물들은 외양은 서구적이었지만 인도의 알록달록한 색채와 어우러져 재미를 더했다. 화려한 인도 사원에는 신에게 바치는 향과 꽃

이 뒤섞여 우리를 홀렸다. 눈에 보이는 대로 식당에 들어가서 옆 사람이 먹는 그대로 시켜서 먹었는데 그 음식은 중국인지 말레이시아인지 인도인지 정체를 알 수 없는 미스터리한 맛을 냈다. 그럼에도 불구하고 아주 맛있었다.

난생 처음 시내에서 이층버스를 타고 집으로 돌아오는데, 깨끗한 버스 유리창을 통해 바라보는 도시의 모습은 더할 나위 없이 이국적이었다. 영롱한 불빛들, 도로와 인도 구분도 없이 걸어 다니는 사람들의 분주한 모습은 마치 영상 속 축제와도 같았다.

데이트 한답시고 밤새 걸었던 싱가포르 강 주변은 또 다른 맛이 있었다. 모던하고 거대한 건물들은 그 외양만으로 미래 도시를 연상시켰고 현란하게 강물에 비치는 불빛들은 그 분위기를 한껏 고조시켰다. 이 좁은 땅에 이토록 다양한 문화가 살아있고, 시대적 변화들이 서로 조화를 이루고 있는 것이 참 신기할 따름이다.

싱가포르에서의 마지막 날, 우리는 다같이 가든바이더베이 Gardens by the bay 를 갔다. 거대한 공원인 이곳은 마치 원래부터 있었던 정글 같았다. 싱가포르에서의 일주일간 우리는 또 다른 시작을 위한 재충전에 성공했다. 특히 브놔가 다시 지도를 보기 시작했다. 동남아 지역은 계획에 전혀 없던 곳이기에 처음부터 루트를 비롯해서 기간, 비자 등 주요한 사항을 공부해야 했다. 그리고 우리는 무비자 방문이 가능한 나라를 중점적으로 다시 경로를 정했다.

싱가포르 – 말레이시아 – 태국 – 라오스 – 중국 입국!

날씨는 급격히 습하고 뜨거워졌다. 그런데 이상하게도 전혀 다른 환경을 접하니 그 차이만큼 마음이 설렜다. 어느새 우리는 예상치 못한 여행의 반전에 묘미를 붙여가고 있었다.

Malaysia

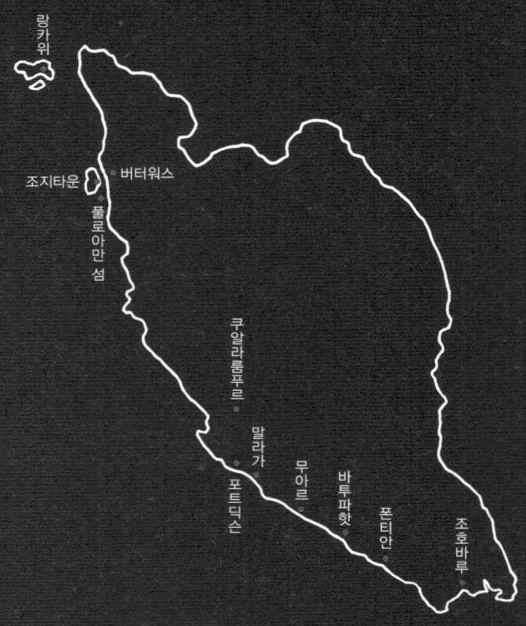

조호바루 Johor Bahru
vv
폰티안 Pontian
vv
바투파핫 Batu Pahat
vv
무아르 Muar
vv
말라카 Malacca >> 포트딕슨 Port Dickson >> 쿠알라룸푸르 Kuala Lumpur

랑카위 Langkawi
^^
조지타운 George Town
^^
버터워스 Butterworth
^^
풀로아만 섬 Pulau Aman

2013년 1월 22일부터 2013년 2월 12일까지 **22일간**

변태
LE PERVERS

습하고 더운 한국의 여름 날씨도 저리 가라다. 싱가포르부터 시작되었던 더위는 국경을 넘어 말레이시아로 들어서서도 한국의 두 배는 뜨거웠다. 공기는 숨을 쉬지 못할 정도로 무겁고 축축했다. 이런 야외 사우나 같은 곳에서 자전거를 달릴 생각을 하다니. 너무 힘이 들어 잠깐 나무그늘을 찾아 자전거를 세우고 앉으려는 찰나, 사나흘은 굶은 듯한 모기떼들의 공격에 온몸이 울긋불긋 부어올랐다. 도로는 좁고 날은 더운데 주변의 나무숲은 온통 모기떼 투성이어서 보기만 해도 소름이 돋았다. 큰일이다.

가는 길이 해안가 도로여서 바다가 나타날 때마다 수영으로 몸을 식히면 쿠알라룸푸르까지 금방 도착할 수 있을 것이라고 생각했는데 그 기대와 계획은 어느새 무너졌다. 사흘이 지나도 도로 주변에 보이는 것이라곤 굶주린 모기와 벌레로 가득한 숲이 전부였다. 물론 울창한 숲이 열대지역을 실감케는 했다. 특히 생전 처음 보는 거대한 나무와 갖가지 식물 들은 경이로울 지경이었다. 거기에 배경음악처럼 들리는 알 수 없는 동물들 소리는 정글투어라도 온 것 같았다.

길은 꼬부랑길. 벽같이 굳건한 오르막길이 보이는가 하면, 갑자기 협곡을 방불케 하는 내리막길이 시작되곤 했다. 굴러 넘어질 것 같은 내리막을 괴성과 함께 미끄러져 내려갔다 곧바로 그 탄력을 이용해 순식간에 벽과 같은 오르막길을 올랐다. 그럴 때는 마치 안전띠 없는 청룡열차를 타는 기분이 들었다. 그러다 자전거와 함께 뒤집힐 것만 같은 심한 경사에서는 재빨리 안장에서 내려와 자전거를 밀며 그 경사진 곳을 산을 타듯 올라야 했다. 그나마 다행인 건 지나다니는 차와 사람이 없다는 것. 입도 못 열 정도로 힘든 길은 옆에 앉아 쉴 만한 곳도 없어 우린 그렇게 안장 위에 앉아 내리 달릴 수밖에 없었다.

그러던 중 오토바이가 나타나 내 자전거 옆으로 다가왔다. 여행지로 유명하지도 않은 곳을 외국인들이 달리고 있으니 궁금했나 보다. 오토바이에는 검은 피부의 두 남자들이 타고 있었다.

그런데 이들은 파절이 같은 모습으로 페달을 밟는 나의 힘없는 모습을 보고도 계속해서 말을 걸었다. 그것도 자기네 언어로. 편하게 앉아서 이야기를 나눠도 무슨 말을 할까 고민해야 할 판인데 어디 대화가 되겠는가. 힘없이 손짓으로 저 앞에 가고 있는 브놔한테 가서 얘기를 해보라고 했더니 금세 브놔에게 가서 잠깐 이야기하더니 이내 오던 길을 되돌아갔다.

"브놔, 뭐래? 알아듣겠어?"

"몰라, 어느 나라 말을 하는지도 모르겠어."

"어휴, 말할 힘도 없어. 어서 달리자."

이놈의 오르막길은 도대체 끝이 어딘가. 흐느적흐느적 페달을 밟았다. 그런데 갑자기 뒤쪽에서 부르릉거리며 모터소리가 들렸다. 아까 그 오토바이가 다시 내 옆으로 와서는 뭐라 또 말을 해댔다.

"영어 해요? 아님 프랑스어나 한국어라도? 못 알아듣겠어요!"

"&&&&%%%$$$"

아, 대체 뭐라 말하는 걸까. 도통 느낌도 오지 않는다. 그런데 갑자기 오토바이를 운전하던 놈이 덥석 내 가슴을 잡았다. 이런 미친 녀석이 다 있나! 깜짝 놀란 나는 순간적으로 그놈의 어깨를 꽉 붙잡고 소리쳤다.

"뭐하는 짓이야!"

자전거를 타고 달리는 중에 무슨 정신으로 그랬는지도 모르겠다. 어쨌든 내 반응은 생각지도 못한 것이었는지 당황한 표정이 역력했다. 나는 죽일 듯 눈을 부라렸다. 앞서가던 브놔는 보이지 않았다. 하지만 혼자 힘으로 오토바이를 세울 수도 없고, 인도에서 참변을 당한 부부 자전거여행자의 이야기도 떠올라서 잡았던 놈의 어깨를 내팽개쳤다. 그러자 그는 놀란 토끼눈을 하고 도망쳤다. 조금 거리가 생기자 안심이 됐는지 나를 향해 혀를 낼름 내밀었다. 뒤에 앉은 녀석은 시선을 피하며 다른 쪽을 봤다.

아, 놓지 말았어야 했다. 아니, 때려잡았어야 했다. 고작 부들거리는 손을 들어 욕을 해대고 말다니. 번호판을 외워 신고라도 했어야 했다. 제대로 대처

하지 못한 것이 분해서 모기떼가 덤벼드는 것도 모르고 한참을 도로 옆에 앉아 울었다. 앞서가던 브놔는 내가 지른 소리를 듣고 달려와 그 녀석들을 찾아가겠다 했다. 하지만 자전거로 오토바이를 따라갈 수도 없을 뿐만 아니라, 붙잡아도 그쪽은 남자가 둘인데 어쩌겠는가.

그런데 오늘은 제대로 된 캠핑 장소까지 찾지 못했다. 밤이 깊어서야 기껏 발견한 것이 공사판이다. 텐트 안에 나란히 누워 있다 보니 자꾸 화가 났다. 애꿎은 남편한테까지 화가 나서 아무 말도 꺼낼 수가 없다. 속으로는 왜 빨리 달려오지 않았느냐고, 왜 오늘 같은 날 땀에 절어서 공사판 위 텐트에서 밤을 보내야 하느냐고 소리를 지르고 싶다. 나의 감정변화를 굉장히 빠르게 눈치 챈 브놔가 아직도 화가 났냐고 물었다. 나는 화풀이 겸 솔직한 감정을 얘기했다. 하지만 사실은 누구의 잘못도 아니다. 브놔는 앞서 나가고 있었을 뿐이고, 나는 길 가다 똥 밟은 것뿐이다.
세 번만 참으면 살인도 면한다는 말을 체험하는 순간이다. 한순간 화의 근원을 시작으로 나 자신, 결국엔 브놔까지 이유 없이 미워하게 됐다. 이 세 번의 순간이 얼마나 중요한지. 화는 그렇다 하더라도 미워하는 마음은 안 될 말이다. 밤에도 변함없이 뜨거운 말레이시아의 열기가 나를 익혀 가고 있는 건 아닐까. 아, 튼실한 열매가 되어야 할 텐데 쉽지가 않다.

인연
DE RELATION EN RELATION

말레이시아의 끝자락이 코앞이다. 국경 초반에는 뜨겁고 끈적대는 공기 때문에 지치기만 하더니 언젠가부터 우리는 끈끈한 만남을 계속 이어가고 있었다.

쿠알라룸푸르 ^{Kuala Lumpur}의 카우치 서핑 친구 아크말, 브놔의 대학친구 테익으로부터 시작된 인연은 또다시 페낭^{Penang} 지역의 작은 섬 풀로아만 ^{Pulau Aman}에 사는 아크말의 친구 마이크와 버터워스 ^{Butterworth}에 사는 테익의 가족으로까지 이어졌다.

말로만 듣던 쿠알라룸푸르에서는 아크말이 브놔와 나의 지친 자전거를 치료해주었고, 희뿌연 대기오염을 벗어날 수 있도록 테익은 버터워스에 있는 가족의 처소로 우리를 보내줬다. 생전 처음 만난 마이크는 자신의 일터가 있다는 작은

섬 풀로아만으로 초대를 하더니 나중에는 우리를 관광시켜 준다고 페낭 Penang 까지 차에 태워 다녔다. 사근사근한 말투로 이야기하는 말레이시아 사람들은 하나같이 조용했지만 그들의 마음은 이곳의 날씨 이상으로 뜨끈했다.

페낭은 말레이시아 서부에 있는 작은 섬이지만 다리가 놓여 섬 같지 않은 곳이다. 이름만으로는 마치 영국의 한 도시 이름 같은 조지타운 George Town 은 여러 번 유럽이 지배했던 곳이라 이름뿐만 아니라 여기저기 유럽식 건물과 교회, 풍경 들이 가득했다. 그 흔적 위에서 살아가고 있는 그을린 피부의 동양 사람들. 어울릴 법하지 않은 조각들이 합쳐져서 하나의 마을이 되고, 도시가 되고, 나라가 되었다. 그리고 지금은 또 다른 문화가 되었다. 이방인인 나의 눈에는 시대와 문화가 복합되어 지금 존재하고 있는 조지타운이 신기하기만 했다.

하지만 어디 이곳만 그럴까. 이방인까지는 아니더라도 객관적인 눈으로 돌아보니 한국도 그렇거니와 나 자신도 그러했다. 혼자 멀뚱히 있다가 갑자기 만들어진 것이 아니었다. 부모님으로부터 태어나 친구, 선생님, 동료 들을 만나며 하나씩 배우고 쌓인 것들이 현재의 나를 만든 것이었다. 그리고 어느 누구와도 다른 존재가 되어간다.

그러니 이 여행이 얼마나 값진가. 길 위에서 십 년에 한 번 만날까 말까 한 인연들을 우리는 매일같이 스치고 만나고 있었다. 그 순간들이 브놔와 나를 매일같이 새롭게 만들어 나가고 있었다.

어둠이 밀려오기 시작할 때 오래된 교회 앞을 거닐었다. 흰색의 교회 건물에서 나오는 음악과 불빛, 사람 들의 소리가 매우 낭만적이었다. 손을 잡고 브놔와 함께 걷는 것만으로도 시간여행을 하는 듯했다. 그러다 우연히 자전거 여행을 하는 또 다른 커플과 마주쳤다. 브라질 태생의 브루노와 포르투갈에서 온 테레사. 우리보다 어려 보였던 그들은 바싹 마르고 땀에 절어 있었지만 얼굴 가득 생기가 돌았다. 그들 옆에는 바이올린과 기타가 놓여 있었다. 브루노는 기타를, 테레사는 바이올린을 연주하는데 이들은 길거리 콘서트로 여행경비를 마련한다고 했다.

"저는 포르투갈에 사는데 여행 중에 이 남자친구를 만났어요. 브라질에서부터 배낭여행 중이라더군요. 얘기를 나눠 보니 무척 흥미로웠어요. 그래서 그 날로 같이 여행을 떠났어요."

그들은 그렇게 이미 반 년 가까이를 같이 여행하고 있다고 했다. 그들이 여행을 하며 얻는 것도 많겠지만 지나온 곳마다 그들이 들려주는 음악은 또 얼마나 많은 사람들의 마음을 위로할까 하는 생각이 들었다. 가끔 그들의 블로그를 들어가 보곤 하는데 아직도 그들은 여행 중이다.

Thailand

사뚠 Satun
∨
뜨랑 Trang
∨
끄라비 Krabi
∨
코피피 Ko Phi Phi Don
∨
푸켓 Phuket
∨
팡아 Phang Nga >> 수라타니 Surat Thani

난 Nan
∧
프래 Phrae
∧
아유타야 Ayutthaya
∧
방콕 Bangkok
∧
코타오 Ko Tao
∧

2013년 7월 4일부터 8월 18일까지
45일간

베개부부의 베갯잇이 다 젖는다

NOUS, LES AMOUREUX

동남아는 국경을 건너와도 역시나 덥다. 태국 역시 말레이시아만큼 햇빛이 강해서 베트남형 모자를 사 헬멧과 함께 쓰고 다니기로 했다. 오후, 잠시 쉬는 동안 인터넷이 되자마자 이메일을 확인했다. 한국에서 한 흥미로운 아카데미에 참여할 5명을 선발한다기에 이력서와 자화상을 보냈었는데 답이 온 것이다. 1차에 합격했다는 것과 2차 시험이 이틀 후 서울에서 열린다는 소식.

어떻게 해야 하나. 서울까지 다녀와야 하는데. 브놔와 한참을 이야기했다. 기회는 한 번뿐. 우리의 여행도 한 번뿐. 그리고 지금 우리는 태국의 소도시에서 80km는 떨어진 시골 어딘가를 달리는 중.

고민 끝에 결국 기회를 놓치지 않고 도전하기로 했다. 시험 결과에 따라 한국에 계속 있을지 아님 돌아와 여행을 계속할지도 결정하기로 하고 나는 한

국으로. 브놔는 이곳에 남기로 했다.

결정을 했으니 빨리 한국행 비행기가 있는 도시 방콕으로 가야 했다. 우리는 차 한 대 다니지 않는 시골 길에서 가까스로 차를 하나 잡아타고 30㎞를 달렸다. 그리고 다시 트럭형 버스를 타고 가장 가까이 있는 도심지역 수라타니 Surat Thani 로 갔다. 오픈된 트럭 뒤에서 브놔와 바람을 맞으며 나는 내내 눈물을 흘렸다. 우리의 알 수 없는 미래. 그것이 온몸으로 느껴졌다.

밤 9시 반에서야 호텔에 도착해 밤새 가방을 정리하고 비행기 표를 찾고 이튿날 새벽같이 일어나 방콕행 버스를 탔다. 그리고 방콕에서 밤 10시, 서울행 비행기에 몸을 실었다.

일주일 내내 시험과 휴식, 한국 음식으로 몸을 충전시키며 나는 우리의 여행에 대해 다시금 고민했다. 끝까지 갈 것인가, 만약 시험을 통과하면 한국에서의 생활을 시작할 것인가.

그런데 떨어져 있어 보니 얼마나 브놔와의 생활이, 그리고 여행이 소중한지를 알겠다. 나와 브놔는 시험결과와 상관없이 여행을 계속 이어가기로 했다.

브뢔의 일기

코타오
KoTao

텅 빈 방, 혼자 남겨진 자전거와 짐, 그리고 미미에게 잘 어울렸던 베트남 모자를 보고 있자니 슬퍼서 견딜 수가 없다. 나는 그녀의 자전거와 짐을 호텔에 맡겼다. 코타오$^{Ko\,Tao}$로 가는 배는 밤 11시에 출발한다고 했지만 나는 일찍 호텔을 나왔다.

미미가 없는 동안 나는 코타오에서 4일간 스쿠버다이빙 코스를 밟기로 했다. 코스가 끝날 즈음엔 미미도 어디에 있을지 결정을 할 수 있을 것 같다. 미미가 한국에 계속 머무른다 해도 나 혼자 여행을 계속하기는 힘들 것 같다. 오늘 헤어지고 보니 혼자 하는 여행은 불가능하겠다는 생각이 들었기 때문이다. 하루 종일 강가에서 혼자 시간을 보내며 비로소 미미 없이 여행한다는 것이 어떤 것인지 실감하게 됐다.

현재 우리는 결정된 것이 아무것도 없는 혼돈의 상태다. 겨우 하루 동안 이런 일들이 생기다니 알 수 없는 여행이다.

방콕에서의 재회

RETROUVAILLES À BANGKOK

태국행 비행기를 타고 한국에서 얻은 몸살에 콜록거리며 잠을 청했다. 고향 갔다 오는 길인데 병을 얻어 가니 브놔에게 한소리 듣겠다 싶었다. 저가항공임에도 저녁식사를 준비해준 덕에 배를 채울 수 있었다. 하지만 방콕에서 서울을 갈 때는 식사포함 사항을 몰라 그 아까운 기회를 놓치고 말았다.

방콕 도착 시간이 새벽 1시. 내가 먼저 도착해서 브놔와 함께 자전거로 이동하려 했었는데 역시 모든 조건을 맞추기는 어렵다. 새벽에 도착한 나는 몽롱한 상태로 브놔가 보내 준 문자를 보고 호텔까지 택시를 타고 갔다. 방콕엔 택시 사기가 많다고 해서 걱정했는데 친절한 기사 아저씨는 처음부터 미터기를 켜고 달렸다.

호텔은 브놔의 취향답게 저렴해 보였다. 두근거리는 마음으로 방문을 두드

렸지만 안에서는 답이 없다. 혹시나 했건만 역시 브놔다. 잠들었던 것이다. 세 번은 더 문을 세게 친 후에야 거의 감긴 눈으로 문을 열었다. 그래도 방긋 웃는 브놔의 얼굴을 보니 반갑기 짝이 없다. 브놔는 내가 올 때까지 기다리고 싶었지만 하루 종일 너무 피곤했던 터라 잠이 들었다며 미안해했다.

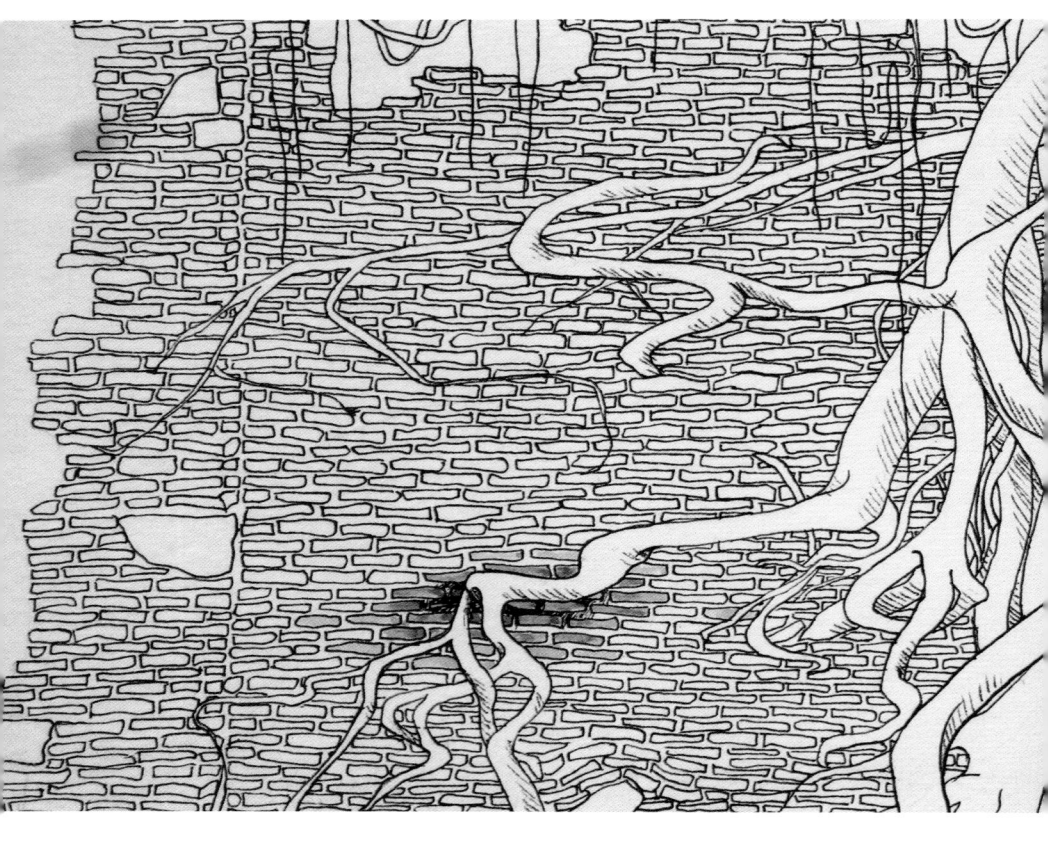

Laos

루앙남타
팍벵
루앙프라방

팍벵
Pak Beng
∨
루앙프라방
Luang Prabang
∨
루앙남타
Luang Namtha

2013년 8월 19일부터 8월 26일까지
8일간

걸어서 자전거여행
MONTÉES, VOYAGE À PIED

태국과 라오스 국경. 보통 한국 사람은 15일 무비자로 라오스 입국을 허가받거나 30달러에 30일 비자 취득을 할 수 있다. 프랑스 사람인 브놔는 무비자 조건이 없어 무조건 30일 비자를 신청해야 했다. 브놔는 비자 신청서와 함께 비자 신청료 30달러를 창구에 냈다. 그런데 어쩐 일인지 직원이 돈을 돌려주었다. 언어도 통하지 않으니 물어도 돌아오는 대답은 어리둥절한 표정뿐이었다. 결국엔 브놔의 30일 비자까지 공짜로 얻은 우리는 재빨리 국경을 넘었다. 국경에서 멀지않은 곳에 마을이 있어 묵고 내일 갈까 하다 달린 양이 많지 않아 조금 더 가보자고 했다. 그러나 이때의 결정을 후회한 것은 얼마 지나지 않아서였다. 끝없이 계속되는 산길도 그렇거니와 어찌된 것이 마을도 인적도 없었다. 가끔씩 지나는 차들은 손을 흔들어 봐도 그냥 지나치기 일쑤였다. 지도

를 보니 딱히 표기된 곳도 없다. 긴장감이 몰려오기 시작했다.

태국에서 우리는 라오스를 건너온 자전거여행자 몇몇을 만났었다. 그들에 따르면 라오스는 워낙 산이 많아서 지옥과도 같은 곳이었다. 말레이시아에서 겪었던 길과 비슷하지 않을까 예상하며 페달을 밟았는데 정말 만만치 않았다. 꼬부랑 산길, 계속되는 오르막은 페달을 밟고 오를 수 없는 지경이었다. 평균 3㎞/h의 속도로 자전거를 끌며 산을 타야 했다.

내리막길은 그리 길지도 않으면서 60㎞/h의 스피드로 내려와야 할 만큼 가팔라서 혹시 도로에 구멍이라도 있을까, 정면충돌이라도 할까 두 눈을 크게 뜨고 달려야 했다. 아무리 지나다니는 차가 없다지만 브뇨는 무슨 용기인지 브

레이크도 잡지 않고 갔다.

아침부터 저녁까지 브놔와 나, 단 둘만 길 위에 있었다. 그가 있어 다행이었지만 사람이 너무 없다는 사실이 묘하게 두려웠다. 저녁이 다 되어서 작은 부족촌 하나를 찾았지만 그곳의 사람들도 말이고 몸짓이고 통하는 것이 없었다. 우리를 구경하느라 아이들이 몰려오긴 했지만 부끄러운 건지 다른 이유가 있는 건지 가까이 오지는 않았다.

대학생 때 라오스에 잠깐 와본 경험이 있던 나는 정보가 전혀 없어 걱정하던 브놔에게 라오스도 사람 사는 곳이라고 큰소리를 쳤었다. 그런데 와서 보니 진짜 오지다. 사람은 있지만 익숙한 문화의 흔적이 없다.

강에서 정수한 물과 미리 사 둔 음식들로 하루를 보냈다. 브놔와 나는 너무 힘이 들어 말도 많이 없어졌다. 어서 빨리 메콩 강이 나타나기만 고대하며 발걸음을 옮겼다. 강 주변에서 문명이 시작되었듯 메콩강에 도착하면 익숙한 무엇이 있지 않을까란 기대 때문이었다.

얼마 후 강과 판잣집 두 개, 판자로 만든 것 같은 배 두 척이 보였다. "저기 판자로 만든 배를 타고 강 반대편으로 가는 거야. 그리고 더 달려야 돼." 지도를 살피고 돌아오는 브놔의 대답이 끔찍했다. 또 자전거에 올라야 했다. 뜨거운 태양은 타이어도 녹여버릴 것 같은데. 강을 건너고 나니 사공 서넛이 말도 안 되는 가격을 지불하라고 했다. 우리가 배를 탄 시간은 불과 5분 남짓. 같이 배를 탔던 주민들이 얼마를 내는지 뻔히 지켜봤는데 외국 사람이라고 아무것도 모르는 줄 알았나 보다. 구두쇠 외국인 브놔는 참지 않고 따졌다. 언어가 안 통해도 지폐를 내밀면 그만이었다. 30여 분을 그러고 있더니 결국 브놔는 첫 제시 가격의 1/3만을 지불했다. 뱃사공과의 실랑이로 이미 힘은 다 소실되었다. 그리고 다시 반나절 동안 산을 탄 후에야 드디어 팍벵에 도착했다! 이곳은 다른 지역으로 가는 배가 정박하는 마을이라 숙소도 여럿 있고 서양 관광객들과 식당도 보였다. 그동안 할 수 없었던 모든 것을 오늘 안에 전부 하겠다고 다짐하며 우리는 재빨리 숙소를 잡았다. 그리고 나는 곧바로 샤워기 아래로 직행했다. 깨끗한 물과 함께 힘들고 두려웠던 마음이 말끔히 씻겨 내려갔다. 생존했다는 기분이 있다면 바로 이런 것이겠지. 모든 소소한 것이 이렇게 소중할 수가 없다. 그리고 우리는 뛸 듯이 가볍고 기쁜 걸음으로 만찬을 즐기러 갔다.

외로운 독일인 여행자 피터
PETER LE VOYAGEUR SOLITAIRE

메콩강 한구석 팍벵Pak Beng의 모래언덕을 내려가 배에 올랐다. 배 지붕 위에 자전거를 싣고 강물을 따라 아침부터 저녁까지 흘러갔다. 50여 명은 되는 외국 관광객들과 함께 루앙프라방 Luang Prabang에 도달했다. 하선하고 보니 강 언덕에 만들어진 계단을 올라가야 했다. 자전거와 짐을 메고 계단을 걸어야 했는데 어느새 라오스 산길에 익숙해졌는지 올라갈 만했다. 이제 다 왔나 했는데 도심이 멀리 떨어져 있단다. 모두들 툭툭미니버스, 트럭을 탈 수밖에 없었다. 물론 자전거가 있는 브놔와 나는 제외하고 말이다.

말레이시아를 기점으로 시커멓게 국적을 잃은 몽골로 브놔와 나는 루앙프라방 관광을 시작했다. 여기저기 둘러보던 중 길거리에서 굉장히 질 좋은 자전

거 하나를 발견했다. 아주 날렵하고 가벼워 보이는 데다 안장도 평소에 한 번 앉고 싶었던 가죽안장이었다. 관광지는 안 보고 한참 자전거 구경을 하고 있었더니 주인이 다가와 말을 걸었다.
"헬로, 봉주르?"
프랑스 사람인 줄 알았더니 우리가 대화하는 것을 듣고 불어로 인사를 한 것이었다. 그의 이름은 피터Peter. 휴가를 맞아 혼자 자전거여행을 하는 독일인이었다. 터키에서 만났던 여행자도 그렇지만 독일인들은 정말 많은 언어에 능통한 것 같다.
"점심 같이 할래요?"
브뇌는 신이 나 단번에 수락했다. 마침 배가 고팠던 터였다. 우리는 미리 봐두었던 식당으로 갔다. 이륜차만 건널 수 있는 오래된 다리 옆에 작은 식당이 있었는데 꽤 운치가 있어 보였다. 식당으로 들어가니 아래가 훤히 보이는 나무 바닥은 삐걱댔지만 흡사 강 위에 떠 있는 것과 같은 분위기를 연출했다. 우린 푸짐하게 차려진 식탁에서 그야말로 만찬을 즐겼다.

피터가 사는 곳은 일본. 지금은 휴가를 맞아 라오스에서 자전거여행 중이라고 했다. 한 달간 다른 교통수단은 일체 이용하지 않고 자전거로만 다니는데 매일 밤 숙소를 찾아야 해서 하루 100㎞ 이상을 달린단다. 라오스는 대부분 산길이어서 하루 20㎞도 힘들어하는 우리는 그에 비하면 기어가는 수준이었다. 물론 짐 무게 차이는 있었지만 그래도 비교가 안 되는 그의 체력에 감탄만 쏟아져 나왔다.
그런 우리의 부러운 눈길은 보이지 않는 것인지 피터는 오히려 더욱 부럽다는

듯 우릴 바라보며 내게 되물었다.

"보통 마음으로는 안 될 텐데……. 남편을 정말 사랑하나 봐요. 이런 힘든 여행을 함께할 결심을 다하다니!"

"사실 여행 출발 전에는 몰랐어요. 그런데 떠나고 보니 생각보다 너무 힘들어서 남편이 대충 좋았으면 그냥 관둬버렸겠다, 그런 마음이 생기더라고요!"

웃자고 한 소리지만 정말 그만큼 힘들긴 했다. 특히 라오스! 오랜만에 거울 속의 나를 보고 얼마나 놀랐는지. 검고 거친 얼굴은 그렇다 치고, 어느새 생전 본 적도 없는 흰 머리카락도 듬성듬성 생겼고, 치아는 너무 꽉 물었던 탓에 덧씌운 것들이 전부 으스러지고 말았다. 물론 브뇨도 몸무게가 8킬로그램이나 빠지고 얼굴은 새까맣게 탔다. 그러나 그의 모습은 오히려 더 남성스러워지고 건강해보였다.

"난 여행하는 것을 좋아하지만 한 달을 혼자 다니려니 외로워요. 아내는 함께 여행하는 것은 절대 싫어하거든요. 그래서인지 부부가 함께 자전거여행을 하는 것이 꿈이 되었어요. 둘의 모습이 너무 부럽네요."

아! 이 분은 진심으로 우리 둘을 부러워했던 거였다.

사실 브놔와 나는 원거리 연애의 고통 이후 함께하는 건 당연하다고 생각하며 지내왔다. 그런데 일상이 되어버린 우리의 모습이 누군가에게는 부러움의 대상이 될 수도 있다니 의외였다. 옆에 있는 남편과 기분이 좋아서 괜히 쿡쿡 찔러봤다.

'그러게. 느리면 어떻고 좀 힘들면 어떤가. 무엇이든 함께 이겨나갈 사람이 있는데. 그렇지?'

CHINA

China

멍라 Mengla
∨
∨
징훙 Jinghong
∨
∨
푸얼 Pu'er
∨
∨
쿤밍 Kunming
∨
∨
싱런 Xingren
∨
∨
안순 Anshun
∨
∨
주장 Jiujiang >> 징더전 Jingdezhen >> 후춘 Fuchun

친황다오 Qinhuangdao
∧
∧
베이징 Beijing
∧
∧
상하이 Shanghai
∧
∧
항주 Hangzhou
∧
∧
린안 Lin'an
∧
∧
황산 Huangshan
∧
∧

2013년 8월 27일부터 11월 10일까지
76일간

중국의 두 꽃거지

DEUX VOYAGEURS SANS UN SOU

중국과 라오스의 국경. 그곳의 중국 입국 심사국 건물에서 우리는 한참을 헤맸다. 이곳저곳 도시는 잘 찾아다니면서 정작 건물 안에서 입구를 찾지 못해 헤맨 것이다. 눈앞에는 입국 심사를 받는 사람들이 빤히 보이는데 유리창과 밴드로 모두 막혀 어디로 들어가야 할지 도통 알 수가 없었다. 심지어 혹시나 하는 마음에 2층까지 오르내리기를 반복했다. 안내원은 저쪽이라고 손짓만 했지, 도무지 도와줄 생각을 하지 않았다.

마치 상자에 갇힌 다람쥐같이 여기저기 헤매다 어렵사리 입구를 찾고 보니 처음 우리가 들어섰던 곳 한 구석에 입구가 있었다. 그런데 모든 것이 기계화되어 있어 사실 우리가 할 일은 서명을 하고 기다리는 일밖에 없었다. 그렇다고 시간이 절약되는 것도 아니었다. 대체 이렇게 큰 건물에 기계화를 해

놓은 것이 무슨 이득일까. 브놔는 손으로 써도 2분이면 될 것을 기계화했다고 히죽거렸다.

베이징에서 일한 경험이 있는 브놔는 오랜만에 밟는 중국 땅이 반가운지 경험담을 한없이 늘어놓았다. 그가 말하는 중국은 유럽에 비해 물가가 싸고, 맛있는 것들이 많고, 사람들이 거칠지만 인간미 넘친다는, 그래서 마치 거대한 시장 같은 곳이었다. 브놔에겐 익숙한 이곳이 내겐 어색하기만 하다. 같은 아시아인데도.

일단 밥을 먹기로 하고 국경 옆 도시로 달려갔다. 새로운 나라에 왔으니 은행에 가서 돈을 찾아야 했다. 그런데 은행 이곳저곳을 다니던 브놔가 짐을 지키고 있는 내게 와서는 아주 어이없는 표정을 지었다.
"미영, 우리 카드로는 인출도 못하고 달러는 환전도 안 된대. 중국카드만 사용할 수 있대. 국경 바로 옆인데!"
"말도 안 돼!"
나는 소리쳤다. 그러나 생각할 겨를도 없었다.
"더 배고프기 전에 빨리 다음 도시로 가자."
저혈압에 압도당할지도 모른다는 두려움에 페달을 무섭게 밟았다. 한 시간쯤 후 우린 모한Mohan이란 도시에 도착했다. 그런데 이 도시에 있는 두 개의 은행에서도 우린 무참히 거절당했다. 믿고 싶지 않은 현실을 피하고자 다시 자전거에 올랐다. 땅과 조금이라도 떨어져 달리면 이 말도 안 되는 상황을 잊을 수 있을지도 모른다는 얼토당토 않는 기대와 함께 말이다.
먹거리라곤 라오스에서 전날 구입했던 작은 바나나 세 개뿐이었다. 우린 그것

으로 허기를 달래고 다음 도시에서 실컷 먹자며 서로를 위로하며 달렸다. 머릿속에서는 맛있는 음식들이 뱅뱅 맴돌았다.

이윽고 도착한 멍라^{Mengla}. 구글맵에서 본 것처럼 이곳은 도시가 꽤 크다. 파리만큼 되는 것 같다. 은행 수도 대략 12개 정도. 눈앞에 은행들이 나타나니 환호성이 절로 터졌다. 에어컨 바람이 시원하게 불어오는 은행으로 들어가 땀도 식히고 식수대에서 바짝 마른 입술도 흠뻑 적시고 나니 정신이 돌아왔다.
"미영? 그런데 여기도 인출이 안 된대."
무슨 청천벽력 같은 소리인가 싶어 똑같은 것임에도 불구하고 내 카드를 꺼내 들고 카운터로 달려갔지만 마찬가지였다. 우린 거의 기다시피 시내에 있는 모든 은행을 다 찾아갔다. 결과는 마찬가지였다. 심지어 여관과 호텔까지 찾아가 달러를 환전해 줄 수 있는지 물었지만 다들 고개를 내저었다.
대체 왜 이 큰 도시에서 이런 일이 벌어지는 걸까. 브놔와 앉아서 머리를 쥐어짰다. 먹을 것을 구할 수도 없다. 어떻게 하면 생존할 수 있을까. 당장 그림이라도 몇 장 그려서 길거리에서 팔까? 아님 구걸이라도 해야 하나? 막상 무일푼 상황이 되고 보니 우리는 한없이 무능했다. 고민 끝에 계속해서 자전거로 달려가 허탕을 치느니 외국돈이 확실히 있다는 징훙^{Jinghong}으로 버스를 타고 가기로 했다. 물론 버스 기사가 달러를 받아주거나 후불이 가능할 경우이긴 했지만 다른 방법이 딱히 떠오르지 않았다.
우리는 시내 북쪽에 있다는 버스터미널로 찾아갔다. 수중의 가이드북은 2007년에 발행된 것. 하루가 다르게 개발되고 있는 중국에서 6년 전의 가이드북은 역사책이나 다름없다. 역시나 아무리 둘러봐도 터미널은 보이지 않았다. 어찌

되었든 가이드북에는 저녁 6시면 시외버스 운행이 종료된다고 쓰여 있는데. 페달 위에서 발이 동동 구른다.

앞서나가며 터미널을 찾던 브놔가 도심 속 작은 강 다리 위에서 나를 불렀다.
"터미널 찾은 거야, 브놔?"
"아니, 금방 사람들을 만났어. 우리더러 한 잔 산다고 카페로 들어오래."
브놔 뒤를 보니 다리 한구석에서 천막을 치고 커피를 파는 곳이 보였다. 서너 명의 사람들이 우리를 보고 들어오라고 손짓을 했다. 음식을 보자 마치 어둠 속에서 빛을 만난 느낌이다. 그렇다고 주는 대로 마구 받아먹을 수는 없는 일. 마음을 가다듬고 탁자 위에 놓인 초토푸^{삭힌 두부구이} 약간과 커피 한 잔을 천천히 마셨다. 온몸이 저릿했다. 그래도 예의를 지켜야지. 우린 기념사진을 찍고 버스를 타야 한다며 일어났다.

시간은 6시가 가까워지는데 도대체 터미널은 나타나지 않는다. 길거리에서 두리번거리고 있으니 지나던 사람들이 돕겠다고 나섰다. 그런데 사람마다 설명이 다 달랐다. 갈팡질팡하는 사이 스쿠터 탄 아저씨가 적극적으로 안내를 해서 따라나섰다. 그런데 아무래도 가는 길이 익숙한 것이 이상하다. 설마하고 있는데 도착하고 보니 우리가 지나왔던 도시 입구가 떡하니 나타난다. 아, 이 일을 어쩐다.
잘못 알아듣고 안내해 준 것 같은데 그렇다고 불평을 할 수도 없다. 자포자기 심정으로 고맙다는 인사를 하는데 갑자기 안내비를 달라는 듯한 제스처를 취하는 게 아닌가.

"죄송한데, 저희가 돈이 정말 한 푼도 없어요. 안녕히 가세요."
길게 말할 수도, 아저씨가 떠난 후 불평할 힘도 우리에겐 남지 않았다.

이젠 방법이 없다. 우린 히치하이킹을 하기로 했다. 두 대의 거대한 자전거와 짐까지. 달랑 한 몸 타는 것이 아니어서 차를 잡기란 쉽지 않겠지만 방법이 없다. 또 사람 일은 모르는 것 아닌가. 오히려 말도 안 되는 시도를 하다 멋진 답이 나올 수도 있으니까.
서너 대의 큰 트럭들이 휙휙 지나갔다. 매정하게도 속도조차 줄이지 않고 무섭게 지나쳤다. 그렇게 지나는 차들을 바라보며 브놔는 헛웃음까지 쳤다. 이러다 여기에서 굶어죽는 건 아니겠지.
그때 작은 트럭 한 대가 우리 앞을 지나더니 앞에 멈춰 섰다. 나는 달려가 자초지종을 열심히 설명했다. 트럭 안에는 젊은 운전기사와 스님 한 분이 앉아 계셨다. 물론 말이 통할 리 없다. 그런데 말이 통했다.
"태워줄 수 있어요. 그런데 징훙까지는 아니고 그 전 도시까지 갑니다."
"아, 조금이라도 갈 수 있으면 돼요. 사례는 꼭 할게요."
"얼마 있어요? 400위안 한화 7만 원 정도 주면 태워다 주죠."
스님이 두 눈을 번쩍이면서 말했다. 그런데 수중에 달러밖에 없다고 하자 스님은 기사를 툭 치면서 뭐라 했다. 잠시 후 트럭은 쌩하고 가버렸다. 이럴 수가. 트럭이 가버린 자리에 그대로 선 브놔와 나는 쓴 웃음밖에 나오지 않았다.

어둠이 내려오기 시작했다. 이젠 캠핑할 장소를 알아봐야 했다. 주변을 살피고 있는데 중형버스 하나가 멀리에서 멈췄다. 나는 달려가서 도움을 요청했다. 말도 통하지 않는데 대체 이런 무모함은 어디에서 나오는 건지. 다행히 버스 안에는 영어를 조금 할 줄 아는 승객이 있어 그가 젊은 기사와 통역을 해줬다. 그리고 달러라도 괜찮다고 타라고 했다. 심지어 트렁크에 자전거가 들어가지 않자 승객들 사이에 실어주기까지 했다. 밤새 작은 버스는 승객을 내려주기 위해 자주 차를 세우고 꽤나 들썩이며 달렸다. 그럼에도 우리는 안도와 환희에 젖어 아이처럼 잠들었다. 중국에서의 첫날이 너무나 길다.

어디에 있는가보다는 누구와 있느냐의 중요성

NOTRE BIENFAITRICE

마링허를 떠나 싱런Xingren에 도착했다. 그런데 호텔을 찾아가니 외국인을 받지 않는단다. 외국인 여행자는 신변보호 차원에서 5성급 호텔에 가서 묵으라는 것이다. 브놔는 그동안 중국에서의 화가 터졌는지 실랑이를 벌였다. 심지어 호텔 입구에 드러누워 버렸다. 진짜 말이 통하지 않고 화가 나면 이렇게 하는 사람이 있구나. 그런데 그게 내 남편이구나. 나는 한순간 멍해졌다.

남편을 내버려둘 수도, 그렇다고 그 호텔 직원을 설득할 수도 없었다. 나는 브놔를 달래 호텔을 나왔다. 우리는 지금 완전 거지꼴인데 이런 모습으로 캠핑할 곳을 찾아가야 하다니. 머리가 다 아프다.

"무슨 일이세요?"

갑자기 한 중국 여자가 유창한 영어로 우리에게 말을 걸어왔다. 이게 얼마 만

에 만나는 언어가 통하는 사람인가. 브놔와 난 기다렸다는 듯 그녀를 붙잡고 자초지종을 장황하게 설명했다. 똑소리 나는 이 여자는 호텔에 들어가 상황을 설명하고, 다시 나와 우리에게 설명을 해줬다. 내용은 우리가 이해한 것과 같았지만 그래도 이렇게 언어가 통하는 사람과 이야기를 할 수 있다는 것이 어딘가. 그런데 그녀 역시 우리의 안전을 위해 5성급 호텔에서 묵으라고 권한다. 아, 이들은 5성급 호텔에 묵으면 우리의 여행 주머니가 위험해진다는 걸 왜 이해하지 못할까. 우린 체념하고 캠핑장소를 알아보러 가기로 했다.
"저기, 우리 집에서 쉬고 가요. 씻기도 해야 하고 피곤도 할 텐데."
이럴 수가! 그러나 금방 처음 만난 사람의 호의를 또 덥석 좋다고 따라가기는 미안하다.
"아니에요. 캠핑장소만 찾으면 돼요."
"아니면 경찰서에 여행자 신고를 하면 작은 호텔도 갈 수 있다고 하니까 우리 집에 가서 쉬다가 내 남편이랑 경찰서에 다녀와요. 우리가 동행해 줄게요."
의논 차 브놔와 이야기를 하긴 했지만 사실 우리 둘의 눈은 이미 그녀의 제안만으로도 기쁨에 차 반짝이고 있었다.

매기Maggy의 집은 그리 멀지 않았다. 그녀의 스쿠터를 따라 20분 정도 복잡한 시장 도로를 지나고 다시 차가 들어갈 수 없을 정도의 좁은 골목으로 들어가니 오래된 집 한 채가 나타났다. 그곳에서는 매기의 부모가 살고 있고, 바로 옆집에는 매기네가 살고 있었다.
"두 분은 그런데 어떻게 처음 보는 나를 믿고 따라와요?"
집에 도착해서야 매기가 웃으며 말했다.

"글쎄, 여행을 좀 하다 보니 그냥 느낌으로 알게 되는 것 같아요. 그런데 처음 보는 우리를 매기도 초대했잖아요. 똑같죠, 뭐."
매기 부모가 살고 있는 오래된 집은 시멘트 바닥이어서 신발을 신고 다녔다. 집안에는 귀여운 그녀의 딸과 조카, 어머니가 계셨다. 그녀는 우리에게 한 동네에 모여 사는 가족들을 소개하며 푹 쉬라고 위로했다. 호텔에서 상처받은 브놔의 마음이 사그라지는 소리가 귀에 들리는 듯했다.
"그냥 우리 집에서 자고 가요. 원하는 만큼 푹 쉬고 가도 돼요. 경찰서 왔다갔다 해도 어떻게 될지 모르고 호텔 값도 비싼데 그게 더 낫지 않아요?"
차를 마시는 동안 매기가 말했다. 그녀의 제안에 눈빛이 절로 반짝였지만 미안한 마음이 들어 두어 번 거절했다. 그런데도 우리의 눈빛을 이미 훤하게 읽었는지 그녀가 웃으며 말했다.
"우린 좋으니까 걱정 말고 그냥 여기서 있고 싶은 만큼 지내요. 알았죠?"
결국 우린 매기네 집에서 이틀을 묵었다. 매기를 따라 인공호수와 널따란 코스모스 밭을 구경 갔지만 싱런은 크게 볼 것이 없는 도시였다. 그냥 스쳐 지나갈 만한 도시에서 이틀 밤을 잔 것은 순전히 매기 때문이었다. 아무 의심 없이 우리를 초대해 음식을 나누고 잠자리를 만들어준 매기와 그녀의 가족들. 커다란 문을 활짝 열어준 그들이 있었기에 우리에게 싱런은 잊을 수 없는 도시가 됐다.

알 수 없는 운명
L'AVENIR EST IMPRÉVISIBLE

저녁이 다 되어 베이징^{Beijing}에 도착했다. 어둠은 재빠르게 시작되고 말로만 듣던 중국의 희뿌연 매연이 시야를 가리자 이곳에서 어떻게 지낼까 하는 두려움이 앞섰지만, 그 흐릿함과 도시의 불빛이 어우러진 천안문 광장의 모습은 신비롭게 보였다.

우린 후통이라는 오래된 골목들을 지나 값싼 여관 하나를 찾아냈다. 도심에서 시설도 좋고 가격까지 싼 숙소를 찾기란 언제나 쉽지 않은 일이라 가격을 우선 조건으로 보고 선택했다. 물론 브놔가 오래전부터 사랑하는 양꼬치구이집이 바로 앞에 있다는 것도 이곳을 선택하게 한 요인이긴 했다. 양꼬치구이집은 이후에도 서너 번 갔는데 브놔는 6, 7년 전에 비해 가격이 꽤 올랐다며 서운해했지만 그래도 맛은 최고라며 좋아했다.

이틀날, 해가 떴는데도 바깥은 뿌옇기만 했다. 저 공기 속으로 나가서 숨을 쉬어도 되나 걱정이 될 정도였다. 우린 일단 우린 자금성 근처로 갔다. 자전거로 다녀도 한참을 다닐 만큼의 거대한 규모에 놀라고 아름다운 풍경에 놀랐지만 문제는 매연이 계속 눈과 코로 들어와 풍경을 즐기기 어렵다는 것이었다. 마치 물 밖으로 뛰쳐나온 물고기마냥 숨쉬기가 힘들었다. 특히 나보다 알레르기가 심한 브뇨는 몹시 힘들어했다. 결국 우리는 관광을 포기하고 숙소로 돌아가기로 했다. 광장을 향해 나가는데 사람들은 모두 우리와 다른 방향으로 돌아가고 있었다. 그리고 그 사람들 끝에는 경찰들이 있었다.
'어, 벌써 문을 닫을 시간인가?'
경찰이 사람들을 쫓는 풍경이어서 우리도 사람들 틈에 끼어 다른 문을 통해 밖으로 나왔다. 광장 옆 도로는 생전 본 적도 없는 너비로 펼쳐져 있었다. 그런데 이상하게 차들도 없고, 사람들도 없다. 마치 우리 둘만의 자전거 전용도로 같다. 이런 큰길 위를 언제 달려보나 싶어 맘껏 달리며 카메라를 꺼내들었다. 그러자 도로 위에 길게 늘어선 경찰들이 사진을 찍지 말라는 신호를 보냈다. 이유를 알아보려고 멈췄더니만 서지 말고 무조건 가던 길을 가란다. 아, 알 수 없는 중국이다.

저녁이 되자 베이징에 사는 친구들을 만나러 나갔다. 나는 여행 이야기를 하다 오늘 낮 북경 시내 관광을 나갔다 허탕친 이야기를 했다. 그랬더니 친구들이 뜻밖의 말을 했다.

"오늘 천안문 앞에서 차 폭발사고가 났었어. 그래서 지나던 사람도 몇 명 사망했어!"

그제야 천안문 주변의 이상했던 상황들이 파악되었다. 우리가 광장으로 나가려던 그 순간 테러가 일어났던 것이다. 조금만 일찍 천안문에 도착했더라면 우리가 희생자 명단에 오를 뻔했다. 지금 내 눈 앞에 있는 친구도, 내 옆의 남편도 못 볼 수 있었다고 생각하니 정신이 번쩍 든다. 할 수 있는 최선을 다해서 내 주변의 모두를 사랑해야지. 다시금 곱씹는다. 내일 또 무슨 일이 일어날지 아무도 모르니 말이다.

세상의 구석구석에서 열심히 사는 사람들
LES GENS COURAGEUX

중국 톈진Tianjin에서 배를 타고 한국으로 가려고 생각하고 출발을 앞두고 확인 전화를 했다. 그런데 무슨 일인지 한국행 페리가 일시 중지되었단다. 확인 전화 없이 떠났으면 헛걸음할 뻔했다. 베이징의 심각한 대기오염 속을 빨리 벗어나고 싶은 마음에 다시 이리저리 찾아 보니 친황다오Qinhuangdao에 인천으로 들어가는 배가 있었다. 거리가 조금 더 멀어지긴 했지만 다른 방편이 생긴 것에 안심하며 안장에 올랐다.

나흘을 친황다오에서 쉰 후 우리는 바다 건너 한국의 공기는 쾌청하기를 기대하며 페리에 올랐다. 선상 내부는 두 사람이 한 방을 쓰는 구조였다. 싱글 침대에 샤워실과 화장실까지 따로 갖춰져 있어 마음에 들었다. 그런데 방 번호를 보니 브놔와 나의 호실이 다르다. 어리둥절해서 여기저기 알아보니 남

녀를 한 객실에 묵지 못하게끔 되어 있단다. 이유는 배에서 무슨 일이 일어날지 모른다는 것이 전부다.
"아니 말도 안 돼! 우린 갓 결혼한 신혼부부인데 이럴 수는 없어!"
흥분한 브뇨가 방을 바꿀 수 있는지 알아보기 위해 여기저기 돌아다녔지만 규율이 그래서 어쩔 수 없단다. 각자의 룸메이트에게 부탁할까 생각했지만 그러다 보면 나의 룸메이트 아주머니와 브뇨의 룸메이트 아저씨가 같은 방을 써야 하기 때문에 그야말로 불가능한 일이었다. 하룻밤만 각각 자면 되는데도 우린 이렇게 조금 헤어지는 것도 아쉬워하는 신혼이었다.

"한국말을 잘하는데 어디에서 왔어요?"
한국말을 잘하면 당연히 한국 사람이 아닌가 싶은데 룸메이트 아주머니가 나에게 어디에서 왔냐고 물으니 기분이 묘했다.
"전 한국 사람예요. 남편이랑 같이 여행하다가 지금 고향 가는 길예요. 어디서 오시는 길이세요?"
"나는 연변에서 왔어요. 한국에 일하러 가요."
분명 한국말을 하는데 중국사람이란다. 국적은 중국이지만 나처럼 한국문화와 언어, 생활방식을 갖고 살아가는 사람이다. 우리가 물 위 어딘가에 떠 있는 것처럼 아주머니와 내가 딱 그렇게 물 위 어느 곳처럼 경계가 없다.
오랜만에 언어가 통하는 사람을 만나고 보니 이것저것 할 말이 많아져 아주머니에게 질문세례를 퍼부었다. 아주머니는 한국 식당에서 하루 12시간 일하는데 몸을 움직이며 일을 하니 재미있다고 했다. 또 번 돈으로는 시간을 내서 혼자 여기저기 여행까지 한다고 했다. 일에 대한 귀천이 아주머니의 표정에서 순식간에 무너졌다. 그녀의 눈은 즐거움에 빛이 나고 있었기 때문이다.

드디어 한국 땅. 여권확인과 지문인식을 마치고 나오니 주변에 온통 한국 사람이다! 전부 아는 사람인 것만 같다. 브놔도 세관검사를 하는 사람이 프랑스어로 질문했다며 굉장히 신기해했다. 한 가지 걸리는 것이 있었다면 중국에서처럼 한국에서도 해외카드로 현금인출이 되지 않았다는 것? 그것도 국제 항구에서. 당연하다 생각했던 우리나라의 국제적 이미지는 나의 착각이었나 보다. 알고 보니 브놔는 이미 한국의 이런 상황을 익히 알고 있었다. 할 수 없이 몇 달러 되지 않던 비상금을 환전했다. 환전이라도 되어 다행이다.
항구를 벗어나고 보니 인천은 생각보다 컸고 11월에 햇빛이 없는 날은 엄청나게 추웠다. 우리는 최고 속도로 서울을 향해 질주했다. 예전엔 무서워서 도로 위에 오를 생각도 못했던 내가 지금은 두근거리는 마음으로 브놔와 같이 자전거로 속도를 내며 달리고 있다.

SOUTH KOREA

차에 꼭 싣고 말리라는 이상한 오기가 생겼다. 뿐만 아니라 얼음장같이 찬 공기를 가르며 남해안까지 가는 게 쉽지는 않은 일이었다.

수원역에 도착하자마자 창구로 가서 자전거를 갖고 탈 수 있는 목포행 기차표를 문의했다.

"무궁화호가 목포로 가긴 하는데 자전거 칸이 있는 기차도 있고 없는 기차도 있어요."

"그럼 자전거 실을 수 있는 기차 시간은 언제예요?"

"그건 저희도 잘 모르고요."

"네?"

세상에! 기차표를 파는 직원이 그걸 모르면 기관사 아저씨한테 가서 물어보고 타야 하나? 그렇다고 역무실을 다 들쑤시고 다닐 수도 없는 일이고. 하는 수 없이 일단 기차를 타고 보기로 했다.

매달려 있던 짐들을 싹 떼고 자전거만 달랑 갖고 올라갔다. 다행히 화장실 칸에 큼지막한 빈 공간이 있었다. 사람들에게 방해가 되지 않도록 구석 자리에 두 대의 자전거를 옭아맸다. 이젠 됐겠지 싶었는데 잠시 후 승무원 아저씨가 버럭 소리를 질렀다.

"자전거를 왜 여기 실었어요? 안 돼요. 5번 칸에 가서 실었어야지!"

누구 한 사람 자전거를 어디에 실어야 하는지 알려주지 않고서 이렇게 화를 내다니. 우린들 여기에다 싣고 싶어서 실은 게 아닌데.

"자전거 갖고 따라와요. 저기 5번 칸에 실어야 되거든요."

자전거를 들고 승객들 사이를 따라가는 게 그러나 쉬운 일은 아니다. 아, 대체 어쩌란 거지? 내가 난감해하면서 어쩌지 못하고 있는 사이 브놔가 승무원 아저씨를 일단 따라나섰다. 그런데 조금 있다 브놔가 히죽이며 돌아왔다. 그리고 뒤이어 승무원 아저씨가 무표정한 얼굴로 따라왔다.
"이왕 탔으니까 승객들 피해 안 가게 잘 묶어 놔요."
아저씨는 당신 뜻대로 되지 않아 화가 났는지 무뚝뚝하게 말하고 가버렸다. 나는 어찌 됐든 맘 편히 목포까지 갈 수 있게 됐으니 속으로 쾌재를 불렀다. 그래도 기차여행은 낭만여행. 우리는 배도 아직 고프지 않았지만 김밥과 달걀을 꺼내 먹기 시작했다.
"미미, 아저씨가 아까 돌아오는 길에 '아, 미치겠네. 미치겠어' 계속 그랬어."
"왜? 무슨 일 있었어?"
"아니, 아저씨도 기차구조를 잘 모르고 있더라고. 다른 칸은 더 좁은 데다 자전거 거치대도 없었거든."
아저씨의 무표정과 화난 듯한 말투가 비로소 이해되는 순간이었다.
어쩌면 예전에는 이런 문제에 그냥 지나쳤을 수도 있었을 것이다. 그러나 프랑스 남자와 결혼하고 긴 여행을 하다 보니 우리나라의 이런 모습이 답답하기도 하고 걱정스럽기도 했다. 매뉴얼대로, 체계적으로, 그리고 투철한 직업정신으로 무장할 수 없을까?

농사를 짓는 아버지께서 종종 하시던 말씀이 문득 떠올랐다.
"뭘 하든 온전히 네 것이 되게끔 열심히 해라. 그럼 그게 뭐든 넌 예술을 하는 거야."
나도 그렇거니와 한국도 아직은 예술을 하는 단계까지는 못 왔나 보다.

South Korea

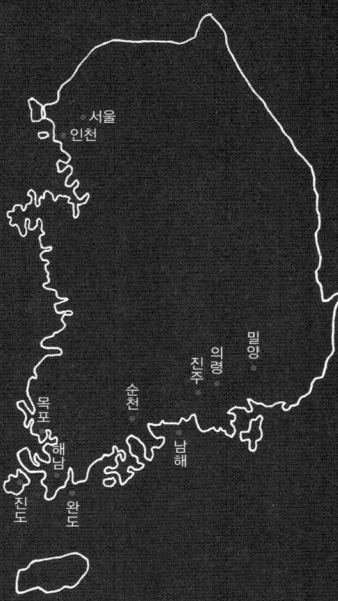

인천 InCheon
∨
서울 Seoul
∨
광명 Gwangmyeong
∨
목포 Mokpo
∨
진도 Jindo
∨
해남 Haenam   >>

밀양 Miryang
∧
의령 Uiryeong
∧
진주 Jinju
∧
남해 Namhae
∧
순천 Suncheon
∧
완도 Wando

2013년 11월 22일부터 12월 11일까지
20일간

또 다른 나라 한국
LA CORÉE COMME UN PAYS ÉTRANGER

브뉘와 한국에 돌아온 후 열흘 동안 서울 친척집에서 완전한 휴식을 취했다. 서울까지가 우리의 계획이었지만 이왕이면 친정인 아버지의 농장까지 다녀오는 것을 여행의 종지부로 해도 되겠다는 생각이 들었다. 아버지의 농장은 경남 밀양.

"미영, 나 한국 남해안 지역은 한 군데도 본 적이 없어. 거기를 보러 가는 거 어때? 그렇게 한국을 돌고 밀양으로 가자."

아, 이 근사한 제안을 뿌리칠 수가 없다. 나 역시 남해안은 한 번도 가본 적이 없으니 말이다.

목포까지는 서울에서 기차를 타고 내려가기로 했다. 이미 살벌한 겨울날씨가 시작돼 서울에서부터 출발한다는 것은 무리라고 생각했기 때문이다. 그동안 여행을 하면서 이제 우린 객관적으로 스스로를 파악하고 결정을 내릴 수 있게 되었다. 풀어헤쳤던 짐을 다시금 싸서 KTX 광명역까지 안양천을 따라 1시간 정도를 달려갔다.

"목포행 두 장 주세요."
"8만 원입니다. 1시 반 출발이고요."
"근데 저희 자전거가 두 대 있는데요."
"접히는 거예요?"
"아니요"
"그러면 기차 문도 좁고 실을 데가 없어요. 무궁화나 새마을 기차엔 자전거 칸이 있다던데 여긴 없어요."
이럴 수가. 직원이 친절하게 전화까지 해서 알아봤지만 KTX에서 자전거를 실을 방법이 없단다. 난감하다. 유럽만큼 시설이 잘 되어 있는 건 아니더라도 중국에서도 가능했던 것이 한국에서 안 된다니. 추운 날씨에 방한복도 한 벌씩 더 장만해서 소풍 가는 기분으로 나온 우리의 실망감도 그렇지만, 접는 자전거도 없고 시간도 없는 한국 사람들은 자전거여행을 어떻게 할까 궁금해졌다.
"그럼 무궁화나 새마을 목포행 탈 수 있는 제일 가까운 역이 어디예요?"
"수원역으로 가시면 타실 수 있어요."
"고맙습니다. 그런데 여행하면서 기차에 자전거를 싣지 못한 나라는 한국이 처음이에요."
실망만 하고 있을 수는 없는 일. 우리는 광명역에서 수원역까지 가기로 했다. 하천길이 잘 돼 있으므로 쭉 서해안을 따라갈까 하다가 한국에서 자전거를 기

따뜻한 남쪽 사람들
LA CHALEUR DES GENS DU SUD

시내의 한 모텔에서 하룻밤을 보내고 아침이 되자마자 목포를 한 바퀴 돌아보기로 했다. 처음 목포라는 곳에 왔기 때문인지 외국에서도 느껴 보지 못한 설렘이 가슴에 차올랐다. 우린 역에서 지도 한 장을 받아 먼저 시내를 한눈에 내려다볼 수 있는 오포대가 있는 유달산으로 향했다. 작은 동산 같았지만 그래도 경사가 꽤 있어 자전거를 도로 아래 세워두고 걸어가기로 했다.
한산한 길 위를 걷는데 저 멀리서 색동 스카프를 야무지게 동여맨 할머니 한 분이 걸어왔다. 손에 든 바구니를 보니 목욕탕이라도 가시는 듯하다.
"미영, 저 할머니는 이란의 패셔니스타 같아. 히잡을 두르셨어."
우리의 대화를 들기라도 한 듯 할머니가 활짝 웃으며 먼저 말을 걸어왔다.
"미국인인가, 유럽인인가. 꼬레 여행 왔나벼?"

"아 네, 남해안이 보고 싶어서요."

"아이고, 예뻐네. 남편이."

여자인 나더러 예쁘다는 것이 아니라 남자인 브뇨가 예쁘다는 할머니. 말씀이 줄줄 이어진다.

"키가 크네, 남편이! 아이고, 근데 여그도 그마이 크네. 아주, 뒤지질 않으!"

나에게도 키가 크다고 칭찬을 아끼지 않으신다.

"많이많이 사랑사랑해. 둘이서!"

할머니의 말이 얼굴처럼 참 곱다. 그래, 사랑이 최고지. 산을 오르다가 뒤돌아 보니 할머니가 멀리서 우리를 그대로 지켜보고 계셨다. 게다가 우리가 길을 잘못 들어섰는지 자꾸 오른쪽으로 가라고 손짓했다. 정말 우리는 길을 잘못 들었었다. 할머니 말대로 오른쪽으로 가다 보니 오포대에 이르렀다. 멀리 바다와 마을, 섬 들이 오밀조밀 정겹게 펼쳐졌다.

"미미, 나 한국에 처음 왔을 때, 서울 말고 여길 왔어야 했나 봐. 그랬으면 한국에 대한 인상이 완전 달랐을 거야."

나와 결혼하기 전 한국에 잠시 있는 동안 서울과 대전에만 있었던 브뇨는 이색다른 풍경에 완전히 반한 듯했다. 도시와 전혀 다른 풍경. 하긴 브뇨뿐만 아니라 나도 넋을 놓고 바라보고 있었다.

서울 이태원과 홍대 앞에서는 그토록 북적대던 많은 외국인이 이곳에서는 브뇨를 제외하곤 한 명도 보이지 않는다. 그들은 예전의 브뇨처럼 한국에 이런 장소가 있다는 것을 모른 채 떠나갈 것이다. 도시의 북적대는 모습만 보고 그게 한국이라고 생각할 것이다. 그런 생각을 하니 내가 더 아쉬운 마음이 들었다.

남도 사람들이 원래 이렇게 친절한 걸까, 아님 한국 사람들이 원래 이런 것을 내가 잊고 살았던 걸까. 이곳에서 만난 사람들은 모두 정겹기만 하다. 오늘은 궂은 날씨에도 불구하고 거친 바람을 타고 점심 전에 15㎞를 쉽사리 달리다 해남 고천암 가까이에 도착했다.

배가 고파 눈에 띄는 식당을 찾아 들어가려는데 주인아저씨가 먼저 문을 열어 줬다. 아마 우리가 자전거를 타고 내리는 걸 본 모양이다.

"자전거 타고 저그서 내려오드만 여행합니까?"

깍듯한 존댓말이 정겹고 심지어 멋있기까지 하다.

"어디로 갑니까?"

"아, 저희 철새도래지 보고 완도로 가려고요."

"그기는 요새 새가 많이 없고 더 많이 볼 만한 데가 있는데 혹시 아십니까?"

좀 있다 알려 달라 했는데 금세 직접 그린 지도 위에 설명까지 덧붙여 갖다 줬다. 거기다 반찬은 또 얼마나 맛있는지. 밥 한 그릇 뚝딱 해치우고 따뜻한 아랫목에 앉아 있다 보니 일어나기가 쉽지 않다. 한참을 앉아 있으니 아저씨가 삶은 고구마까지 한 봉지 싸준다. 바로 옆에 쌓여 있는 고구마를 보여 주며 부족하면 더 싸가란다. 밥값만 내밀기가 미안할 정도다.

"요리하신 분께 존경의 표시로 남김없이 싹 다 비웠으니까 걱정 마!"

고맙다는 말로는 영 부족해서 마음이 무겁다고 하자 브뇨가 말했다. 그래, 남김없이 싹싹 비웠으니 괜찮을 거야.

식당을 나서기 전 수중에 남은 현금을 합해 보니 10만 원 남짓밖에 되지 않았다. 한국에서도 외국 카드로 현금을 인출하는 것이 중국처럼 쉽지 않기 때문에 이 돈으로 외국카드 사용이 가능한 인출기를 찾을 때까지 버텨야 한다. 그

게 언제가 될지 알 수 없어 오늘밤은 대비책으로 캠핑을 하기로 했다. 슈퍼마켓에 가서 먹거리를 구하고 캠핑장소를 찾아 나섰다. 마음이 편해서일까. 비바람이 치다 햇빛이 나는 이상한 날씨에도 불구하고 달리는 맛이 나쁘지 않았다. 오히려 프랑스 시골과 꼭 닮은 풍경과 조용한 도로가 상쾌하기까지 하다.
"엇! 브놔, 빵집이야, 한국 빵집!"
프랜차이즈 베이커리들 때문에 좀처럼 보기 힘든 동네 빵집이 눈에 들어왔다. 우리는 어느 유명 관광지에라도 도착한 듯 가게 안으로 들어가 팥빵이 있는지부터 물었다. 나에겐 조금 지겨운 간식거리인 이 팥빵이 브놔에겐 최고의 주식이다. 심지어 금방 구워 나온 거라 따뜻하기까지 하다. 브놔는 참지 못하고 그 자리에서 하나를 덥석 입에 물었다.

"미영, 아무래도 이것만으로는 부족하겠어."

그는 저녁 식사까지 준비하자며 찹쌀도넛까지 여러 개를 샀다. 따뜻한 팥빵을 입에 물고 극찬을 퍼붓는 프랑스인의 모습에 주인아주머니는 신이 나서 서비스라며 하나를 더 챙겨줬다. 팥빵 한 개에 700원. 그 빵 몇 개에 서비스라니. 정이라는 것이 이런 것 아닌가. 손에 쥔 빵의 온기보다 가슴이 더 따뜻해져서 눈까지 뜨거워진다.

따뜻한 마음으로 기분 좋게 달리다 보니 캠핑하기에 완벽한 장소가 금세 떡하니 나타났다. 도로 옆은 정돈된 나무로 잘 가려져 있고, 잔디밭은 단정하게 펼쳐진 조용한 공원이다. 혹시 사유지인가 싶어 둘러보니 집이 두어 채 있지만 꽤 많이 떨어져 있다.

바깥이 워낙 추워서 재빨리 텐트를 치고 침낭 속으로 쏙 들어갔다. 이제 겨우 저녁 6시밖에 되지 않았는데 나는 침낭 속에 들어가 꼼짝 않고 브뇨가 라면을 끓였다. 오늘 만났던 사람들의 친절함 때문인지 열심히 나를 챙겨주고 있는 브뇨 때문인지, 문득 내가 브뇨에게 잘하지 못했다란 생각이 든다. 아침부터 이유 없이 서두른다고 브뇨를 보챘던 것도 떠올라 미안하고, 좋아하던 찹쌀도 넛도 더 사 줄 걸 하는 후회도 들고. 괜히 모든 게 고맙고 미안한 마음이 들었다. 남쪽 사람들의 따뜻한 마음이 우리도 모르는 사이 살며시 옮겨왔나 보다.

🚲 에필로그

남은 거리가 얼마 되지 않아서일까, 페달을 밟는 발이 가볍다. 여행의 종지부를 찍는다는 아쉬움 때문에 아주 조금씩 달렸는데도 어느새 밀양 표지판이 나타났다. 밤부터 내리던 눈은 아침이 되어서도 계속된다. 여행을 시작하던 첫날에도 눈이 왔는데 마지막 날인 지금도 눈이 온다. 첫날은 장애물처럼 생각되던 눈이 지금은 사랑스럽기만 하다.

긴장해서 굳은 몸, 너무 힘이 들어 당장 그만둘까 수없이 생각했던 마음들은 어디로 간 걸까. 차가 달려오면 무서워서 눈을 꽉 감아버렸던 나는 어디로 갔는지. 오늘은 눈이 와도 안심, 차 옆을 달려도 안심, 길이 고르지 않아도 안심이다. 비록 떠나기 전 빠질 거라 기대했던 몸무게는 1그램도 줄지 않았지만 근육이 자랐을 것이라고 기대하고, 여행이 사람을 변화시키는 힘이 있다더니 거침없이 달리는 나의 모습을 보니 스스로 대견하다는 생각이 들었다.

밀양 표지판과 함께 아버지 농장이 있는 들판이 보였다. 도시의 빌딩숲도 찾기 쉽지 않지만 들판에 펼쳐진 수많은 비닐하우스 중 아버지의 농장을 찾기도 만만찮다. 다 도착해 놓고서도 한참을 헤맸다.

"아빠! 어디 계세요!"
소리를 치면서 같은 곳을 빙빙 세 번은 돌았다. 그때 눈에 들어온 아버지의 비둘기 사육장! 농장을 찾고 나서도 한참을 아버지와 남동생을 찾아 헤맸다. 금세 밭에서 작업복 차림의 아버지와 동생이 차례로 나온다. 바쁜 가족의 모습은 여전하다.
"아이고, 왔어!"
다른 말이 뭐 더 필요하겠는가. 역시 가족은 그냥 존재만으로도 좋다. 변함없는 그들의 모습과 반가움이 전해져 가슴이 벅차올랐다.

아버지의 집에서 내리 3개월을 브뇨와 나는 농장에서 요양에 가까울 정도로 푹 쉬면서 농장 일을 도왔다. 우리는 매일 개들을 이끌고 자전거로 산책을 나갔다. 나는 삼시 세 끼 가족과 일하는 사람들의 끼니를 챙겼으며, 브뇨는 힘쓰는 일이 있거나 기계를 쓰는 일이 있을 때마다 도왔다.
"지금이 아니면 또 언제 이렇게 가족끼리 다같이 있겠니."
아버지의 말씀을 듣고 나니 하루하루가 더 귀중하게만 여겨졌다. 브뇨도 그렇게 느꼈는지 제집처럼 편하게 지냈다. 물론 프랑스의 대 명절 크리스마스에 가족을 보지 못한 서운함에 눈물을 찔끔 보이기도 했지만 말이다. 사실 밀양에서는 지내는 집도 마땅치 않고 시설도 턱없이 불편했다. 그럼에도 브놔는 싫다는 내색 한 번 하지 않았고 나 또한 이상하게 매일 기분이 좋았다.
여행으로 아무리 우리의 외모가 거칠어졌다 하더라도 평생을 밭에서 일한 잡초 같은 아버지와 남동생에 비하자면 여전히 집안의 화초 같기만 하다.
그래서일까. 사람들은 자주 여행하는 우리를 부러워하거나, 자전거로 여행을 한다고 하면 놀라워하는데 오히려 나에겐 나의 가족처럼 열심히 일상을 살아가는 그들이 영웅과도 같다. 스스로를 그리고 가족을 위해, 커리어를 위해, 무슨 이유든 각자의 목적을 이루기 위해 매일같이 열심히 살아가는 사람들. 그들의 끈기와 삶의 깊이는 브놔와 나의 짧은 여행이 따라갈 수 없는 것이다.
이제 우린 또 다른 모험과도 같은 세상 속으로 돌아갈 준비를 한다. 하지만 그것을 일상이라고 말하고 싶진 않다. 그곳의 매 시간과 만남 역시 우리 여행 이상의 가치를 가지고 있을 거라 믿기 때문이다.

332일 자전거여행

프랑스 프로방스에서 한국의 밀양까지
11개국 8000km를 달리다

발행일 초판 1쇄 2015년 5월 11일

지은이 김미영
펴낸이 임후남

펴낸곳 생각을담는집
주 소 경기도 광주시 오포읍 머루숲길 81번길 33
전 화 070-8274-8587
팩 스 031-719-8587
전자우편 mindprinting@hanmail.net

디자인 nice age
인 쇄 올인피앤비

ISBN 978-89-94981-31-4 03230

「이 도서의 국립중앙도서관 출판예정도서목록(CIP)은 서지정보유통지원시스템 홈페이지(http://seoji.nl.go.kr)와 국가자료공동목록시스템(http://www.nl.go.kr/kolisnet)에서 이용하실 수 있습니다.(CIP제어번호: CIP2015011517)」

- 책값은 뒤표지에 있습니다.
- 잘못 만들어진 책은 구입하신 곳에서 교환해 드립니다.